進化する確定拠出年金

野村資本市場研究所
野村亜紀子［著］

一般社団法人 金融財政事情研究会

まえがき

確定拠出年金は、個人勘定に払い込まれた拠出を、個人が自分で運用して老後の生活資金の原資をつくっていく年金制度です。六〇歳まで引き出せないかわりに手厚い税制優遇が付与されており、その点が通常の貯蓄や投資と根本的に異なります。年金制度というと、「保険料を払い込んで、払い込んだ分に見合うだけの老後の生活費を保証してくれる制度」というイメージが一般的かと思います。これに対し、確定拠出年金では、個人がどのように拠出し運用したかによって、将来の受取額が違ってきます。そういう意味では、年金というよりは、「税制優遇付きの資産形成口座」と考えるほうが実態に近いかもしれません。二〇〇一年に、公的年金や既存の企業年金に追加するかたちで、新タイプの年金制度として導入されましたが、二〇一六年に再び本格的な改革が行われ、新たな段階に進もうとしています。

本書のタイトルにある、年金制度の「進化」とは、何を意味するのでしょうか。この問いに対する答えは一つではありませんが、筆者は、足元の年金制度の課題を直視し、進むべき方向性と目標を見定め、そこに向けて制度改正を含む工夫・改善の努力を継続的に行うこと自体が「進化」であると考えます。前提条件は常に変化しますが、今日の日本の場合、「少子高齢化」という現象を起点に判断することが妥当と考えます。日本はかつて先進諸国のなかでも、比較的若い国でしたが、一九八〇年代以降、急激に高齢者の比率が増加しました。しかも、二〇〇八年をピークにそれ以降、人口減少が続いており、二〇五三年には一億人を下回ると推計されています。

人口高齢化の主因は現役・若年世代の人数の減少にあります。高齢化が社会・経済に与える影響は多岐にわたりますが、そのなかで最も深刻なものの一つが、公的年金を含む社会保障制度の財政状況の悪化です。公的年金の財政は、世代間の支え合いを基本としますので、高齢者の比率が急上昇すると資金繰りが厳しくなります。しかし、現役時代に保険料を納めたのに、自分が引退したら支え手の数が少なすぎて年金を受け取れないという世代を出すわけにはいきません。高齢化の進行に対応するための制度変更が必要となりますし、実際、日本の公的年金制度は、これまで繰り返し改革されてきました。保険料の引上げも行われてきましたし、二〇〇四年には、制度の持続可能性を高めるために、退職世代が受け取れる年金給付を、長期間にわたり自動的に目減りさせていくという制度改正が行われました。あまり知られていませんが、これが日本の公的年金制度の現実です。

老後の所得の中心を占めるはずの公的年金に対し、失望を覚えるかもしれませんが、重要なのは、個々人がこの現実を直視し、公的年金に上乗せするための備えをなるべく早い段階から始めることです。確定拠出年金は、まさにそのような自助努力をサポートするための制度です。日本にはもともと、公的年金を補完する制度として、確定給付型の企業年金がありますが、一九九〇年代の景気低迷と厳しい運用環境のなか、企業にとっての確定給付型年金提供の負担感が強まり、新たな選択肢として二〇〇一年に確定拠出年金が導入されました。これ自体が日本の年金制度の進化にほかなりませんでした。

確定拠出年金はいまや六〇〇万人を超える人が加入するまでに拡大してきましたが、その背景には、制度改善の努力もありました。二〇一六年五月には、さらなる普及を図るべく、制度導入以来の本格的な確定拠出年金法改正が行われました。人々の生き方・働き方の多様化が進むなか、自助努力をサポートする制度も対応していく必要性が高まります。この法改正により二〇一七年一月以降、確定拠出年金を利用できる人がすべての現役世代に拡大されました。また、加入者の運用に関する制度の見直しも盛り込まれており、確定拠出年金はさらなる進化を遂げようとしています。これまでの歴史的展開を振り返ると、確定拠出年金は、日本の年金制度の進化の一翼を担ってきたといえるでしょう。

今般の法改正を契機に、個人の目線で確定拠出年金の税制上のメリットや資産運用についてわかりやすく説明する書籍が、数多く出されているという印象があります。制度の認知度向上に向けて非常に喜ばしく、心強い動きだと思います。それらの書籍と本書を比較し、特徴を述べるなら、本書は、個人、企業、金融機関、政策当局者など多岐にわたる読者を想定し、より多くの人々に確定拠出年金について知っていただき、各々の立場からこの制度の活用方法を考えていただくことを目指す点です。確定拠出年金は、導入当初はあくまでも付随的・補完的な位置づけだったかもしれませんが、十数年を経た現在、これが大きく変わろうとしています。

第1章は、日本の年金制度の全体像と、確定拠出年金の仕組みについて述べます。伝統的な企業年金である確定給付型年金と比較しつつ、確定拠出年金の特徴を整理します。また、個人が金融機関で加入する個人型確定拠出年金（iDeCo＝イデコ）についても紹介します。

第2章は、確定拠出年金のサービス提供者についてです。確定拠出年金は、運営管理機関をはじめとする民間のサービス提供業者に支えられています。これらの業者が中長期的に収益性を見出せるかどうかも、確定拠出年金が制度として持続するうえで重要な論点です。

第3章は、個人からみた確定拠出年金です。個人が加入者となった後、いかにこの制度のメリットを積極的に活用するかで、最終的な年金給付に差異が生じえますので、個人の行動のポイントについて整理します。

第4章は、企業にとっての確定拠出年金です。福利厚生制度の一つとして企業型確定拠出年金を提供するにあたり、考慮すべき論点をあげます。また、二〇一六年の法改正により新たに加わる、制度設計上の選択肢について議論します。なお、本書では、確定拠出年金の実施主体である企業のことを事業主と呼ぶことがあります。

第5章は、確定拠出年金制度の残された課題について整理します。二〇一六年の法改正は画期的でしたが、すべての課題が解消されたわけではありません。確定拠出年金がその特徴を十分に発揮し、人々の老後に向けた資産形成をサポートできるよう、今後さらに必要な制度改正について指摘します。

本書は、野村ホールディングスのシンクタンクである野村資本市場研究所における調査・研究に基づき執筆しました。このようなかたちで書籍化することができたのは、野村資本市場研究所の松谷博司社長、野村證券の大塚博之執行役員（グローバル・リサーチ担当）の支援に負うところが大きいです。野村資本市場研究所の岩崎俊博顧問、井潟正彦常務、関雄太執行役員からはさまざまな助言を得ましたし、その他の研究所のメンバーから得た示唆も多大です。さらに、野村ホールディングス傘下の野村證券、野村アセットマネジメントには、確定拠出年金ビジネスを手がける部署があり、筆者の知見の多くは、それらの部署の皆様との意見交換から得られたものです。

そして、株式会社きんざいの花岡博出版部長には、本書の目的、構成、論調などについて貴重なアドバイスを頂戴しました。大勢の皆様のお名前をあげることは叶いませんが、この場を借りて厚く御礼申し上げたいと思います。

二〇一七年四月

野村　亜紀子

目　次

第1章　確定拠出年金制度の特徴

第２章　確定拠出年金サービス提供者の役割と責任

第3章 加入者からみた確定拠出年金

第4章 企業にとっての確定拠出年金

第5章 確定拠出年金の課題と展望

第1章

確定拠出年金制度の特徴

1 日本の年金制度の全体像

年金制度は、個人が引退後に、老後の生活原資となるような資金を受け取れるようにする仕組みです。老後の備えというのは普遍的なニーズであり、政策的に後押しする大義名分が立つことから、国が提供したり、通常の資産形成に比べて税金面で有利になるような税制優遇が与えられたりします。

日本の年金制度は、公的年金と私的年金からなります。年金制度というと多くの人が思い浮かべるのは、公的年金でしょう。民間で提供されるのが私的年金です。確定拠出年金は、私的年金の一種です（図表1－1）。

(1) 公的年金の仕組み

公的年金は、すべての現役世代、具体的には二〇歳から六〇歳の人々が加入を義務づけられています。その間、保険料の納付を続け、支給開始年齢に到達したら給付を受け取る権利を得ます。支給開始年齢は、六五歳（現在、段階的な引上げの途上）に設定されています。

公的年金は最低限の期間保険料を納付しないと給付をまったく受けることができません。ただしその間、失業や経済的困難などで納付がむずかしい場合は、保険料の免除や納付猶予を申請し、加入期間にカウントしてもらうことができます。満額を受け取るには四〇年間加入する必要がありますが、二〇一六年の公的年金制度改正により、二〇一七年八月以降、最低納付期間が二五年から一〇年に短縮されます。

日本の公的年金は、「二階建て」であるのが特徴的です。一階部分は全国民共通で、「**国民年金**」と呼ばれま

図表１－１　日本の年金制度の全体像

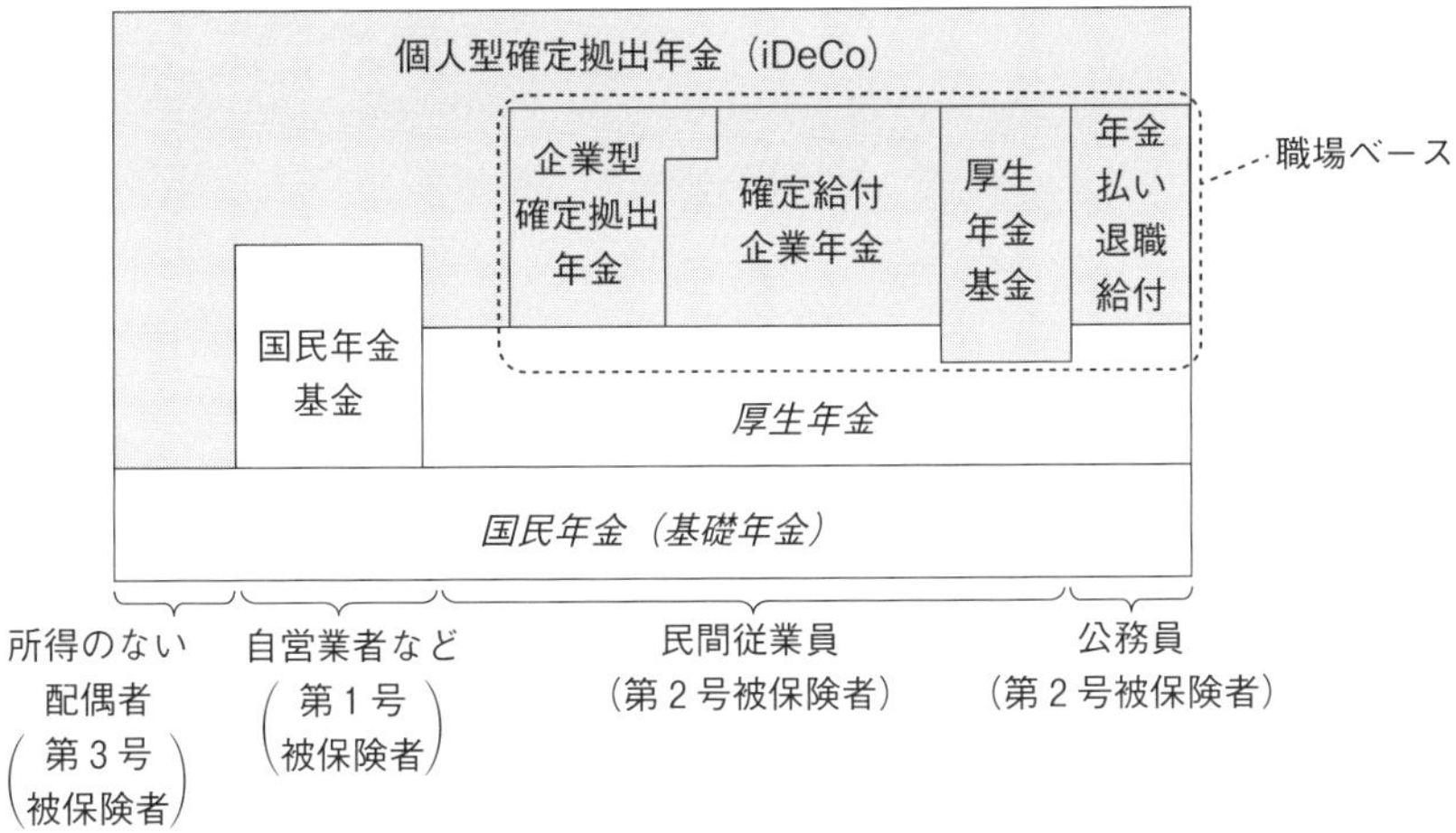

（注１）　白色が政府提供の年金、灰色が私的年金。
（注２）　イタリック体は強制加入の公的年金なので対象者が全員加入。任意加入の制度については利用可能であることを示しており、全員が加入しているわけではない。
（出所）　野村資本市場研究所

す。現役時代に納める国民年金保険料は定額です。二〇一六年度の保険料は月額一万六二六〇円で二〇一七年度に一万六四九〇円に引き上げられ、以後固定されます。六五歳以降、定額給付を生涯にわたり受け取ります。二〇一六年度の給付は、四〇年間加入の満額で月額六万五〇〇八円です。

二階部分は「**厚生年金**」と呼ばれ、民間企業の従業員、公務員など、給与所得者が対象です。厚生年金の保険料は、報酬（給与・ボーナス）に一定の料率をかけた金額を、雇用主と従業員が同額ずつ負担します。報酬が高いほど多額の保険料を納めるということです。二〇一六年九月分から二〇一七年八月分の保険料率は一八・一八二％で、二〇一七年九月分（一〇月納付）から一八・三％に引き上げられ、以後固定されます。給付も、現役時代の報酬に応じた金額を受け取ります。厚生年金は、この計算方式ゆえに、報酬比例年金とも呼ばれます。

公的年金の被保険者、すなわち、保険料を払い込む現役世代は、第一号被保険者、第二号被保険者、第三号被保険者という三つの種類に分けられています。この分類は、確定拠出年金の仕組みを理解するうえでも重要です。

第一号被保険者は、自営業者など、給与所得者以外の人からなり、国民年金のみに加入します。第一号被保険者は二〇一五年三月時点で、一七四二万人でした。**第二号被保険者**は、民間従業員、公務員などの給与所得者で、国民年金と厚生年金に加入します。二〇一五年三月時点で、四〇三九万人、うち三五九九万人が民間従業員、四四一万人が公務員でした。**第三号被保険者**は、第二号被保険者の、所得のない配偶者です。二〇一五年三月時点で、九三二万人でしたが、その大部分が女性であることから、しばしば専業主婦ともいわれます。第三号被保険者は、所得がありませんので、直接、保険料の納付は求められませんが、国民年金と同額の給付を受け取ることができます。

以上のとおり、第一号被保険者・第三号被保険者は定額の国民年金、第二号被保険者は定額の国民年金と報酬比例の厚生年金に加入します。定額か報酬比例かというのは一見形式的なことのようですが、公的年金の役割は何なのか、老後の生活原資として一定の金額を保障するものなのか、あるいは、現役時代の一定割合の所得を保障するものなのか、という本質的な論点にもかかわります。日本の場合、両方が混在していることで、公的年金の役割・目的があいまい化していることは否めません。

(2) 私的年金による上乗せ

図表1－1に戻りましょう。一階と二階からなる公的年金の上にあるのが、三階部分、任意加入の私的年金です。その中核をなしてきたのは、職場ベースの年金制度です。

a　**確定給付型年金と確定拠出年金**

民間従業員にとっての職場ベースの制度は、企業年金です。企業年金があるかどうかは、勤務先により異なります。

企業年金には二種類あります。一つは、**確定給付型年金**と呼ばれるタイプで、制度の提供者が加入者に対し将来の給付を約束します。具体的には、企業が従業員に対し、退職時に一定の計算式に基づく給付を約束し、そのための原資を積み立てます。運用がうまくいかないなど予定どおりに資産が積み上がらず、給付の約束を果たすための資産が不足する場合は、企業は追加拠出をしなければなりません。

より細かくみると、確定給付型年金には、厚生年金基金と確定給付企業年金の二種類があります。**厚生年金基金**は、公的年金である厚生年金の一部を「代行する」という特徴をもつ制度です。最盛期には一二〇〇万人を超える加入者を擁し、中小企業従業員も含めた加入向上に貢献しましたが、二〇一四年度以降、新設は認められておらず、縮小の一途をたどっています。**確定給付企業年金**は、代行のような独特の制度は伴わず、純粋な企業年金です。二〇一六年三月時点で確定給付企業年金は七九五万人、厚生年金基金は二五四万人が加入していました。

もう一つが**企業型確定拠出年金**です。確定拠出年金は、確定給付型年金のような将来の約束を伴いません。かわりに、企業は各従業員のための個人勘定を設定し、年金のための拠出を約束します。個人勘定に入れられた資金は従業員自身が運用して増やしていくことができます。ただし、運用の損失が出ても企業が補てんすることはなく、将来の給付は拠出額と運用の成果に基づき決まります。「自助努力の色彩が強い年金」といえます。**企業型確定拠出年金**は、二〇一六年一二月時点で五八九万人が加入していました。

私的年金とはいえませんが、公務員にも職場ベースの年金制度があります。公務員は、民間従業員と同じ国民年金・厚生年金に加入しますが、それに上乗せする制度として、「年金払い退職給付」が用意されています。年金払い退職給付は、確定給付型年金です。

b　個人ベースの年金制度

職場経由の制度と異なるのが、国民年金基金と個人型確定拠出年金です。**国民年金基金**は、自営業者等の第一号被保険者が、国民年金に上乗せして老後のために備えるのを後押しする、確定給付型の年金制度です。二〇一六年三月時点で四三万人が加入していました。運営者は公的な主体ですが、公的年金ではありません。利用するかどうかは個人の自由です。

個人型確定拠出年金は、個人が金融機関で手続を行い加入します。もともと、自営業者と企業年金のない民間従業員にも、税制優遇を得つつ年金資産形成を行う機会を提供するために、企業型確定拠出年金と同時に導入されました。二〇一七年一月以降は、ほぼすべての現役世代が利用可能です。ｉＤｅＣｏ（イデコ）という愛称がつけられています。二〇一六年一二月時点の加入者は、三一万人でした。

(3)　少子高齢化の進行と私的年金の強化

本書の冒頭で述べたとおり、日本は急速に少子高齢化が進みます。六五歳以上の人口が全人口に占める比率をみると、日本は一九八〇年時点で九％と米英独仏のいずれも下回りましたが、二〇〇〇年には一七％に達し、これらの諸国を追い抜きました。二〇一六年は二七％で、二〇六五年には三八％に達すると推計されています（図表1－2）。

図表1－2　先進諸国の高齢化（65歳以上人口比率の推移）

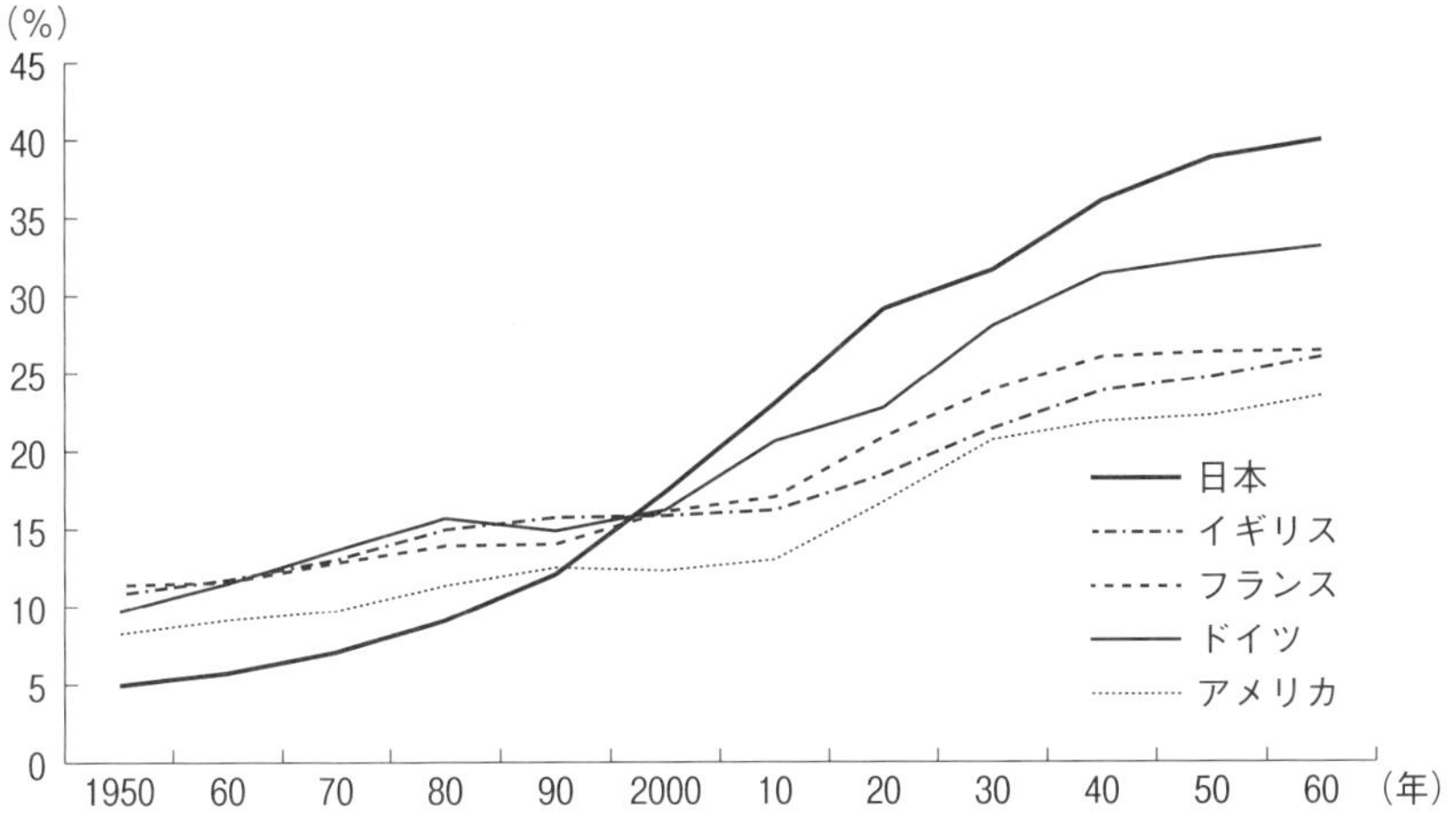

（出所）　国立社会保障人口問題研究所「人口統計資料集2016年版」より野村資本市場研究所作成

公的年金の大きな特徴は、財政方式、すなわち資金繰りの計算方式が、世代間の支え合いを基本としている点です。現役世代が払い込む保険料は、基本的にその時点の退職世代の給付に回されます。当人が退職するまで積み立てられるわけではありません。実際には、一四〇兆円を超える過去からの剰余金がありますが、安定的な制度運営のためのバッファー役にとどまります。このような世代間扶養に依存する方法は、**賦課方式**と呼ばれます。

少子高齢化のもとで賦課方式の制度を維持するのは至難の技であり、公的年金給付の役割後退は不可避です。したがって、老後に、ある程度以上の生活原資を手に入れたいと思う場合は、公的年金に加えて、私的年金を活用することが必要になります。このようななか、個人型確定拠出年金の加入対象者が二〇一七年一月一日から拡大されました。第三号被保険者も含む、ほぼすべての現役世代が利用可能となり、対象者の幅広さという点では、国民年金に匹敵します。

この制度改正の背後には、「可能な限り多くの現役世代に私的年金に加入してほしい。しかし、企業年金の提供を企業に義務づけていない以上、職場経由の年金制度を提供してもらえない個人が出る。したがって、個人単位で利用したければ利用できる制度の受け皿機能を強化するしかない」という考え方があります。現役世代にとって、私的年金により公的年金を補完する必要性は、いっそう増していくのです。

2 確定拠出年金の特徴

次に、確定拠出年金とはどのような制度かを説明します。それをふまえて、確定拠出年金の本質的な特徴を整理したいと思います。

(1) 企業型確定拠出年金の流れ

図表1－3は企業型確定拠出年金の仕組みです。この図に沿って、企業型確定拠出年金の流れをみていきましょう。

a 加入・拠出

まず、従業員が確定拠出年金に加入すると、**個人勘定**が設定されます。この個人勘定に対し、企業が毎月、企業拠出を行います。

加入対象者は厚生年金被保険者である必要がありますが、不当な差別に当たらないかたちで、企業ごとに加入

図表1－3　企業型確定拠出年金の仕組み

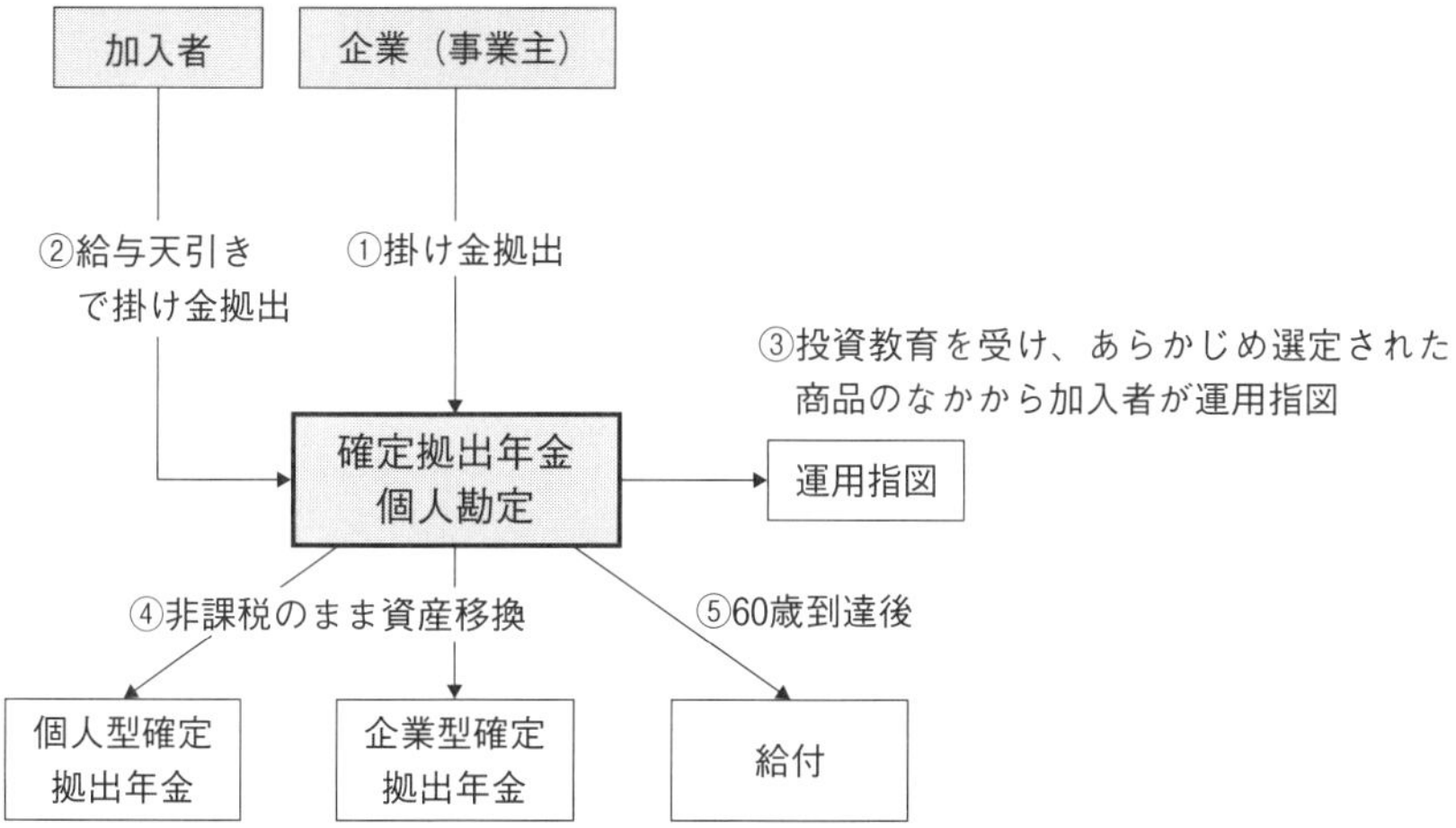

（出所）　野村資本市場研究所

資格を設けることはできます。また、企業拠出の金額の決め方は、企業により異なります。一つの方法は、給与の一定比率を拠出する定率方式です。この方法だと、給与が高い加入者ほど、確定拠出年金の掛け金も多額になります。あるいは、全加入者に対し一定額を拠出する定額方式もありえます。実際のところは、定率方式のケースが多いです。

企業拠出に追加するかたちで、加入者自身も自分の個人勘定に拠出することができます。先に企業拠出があり、それにあわせる（マッチする）ということで「**マッチング拠出**」とも呼ばれます。マッチング拠出を行うかどうかで、当然ながら将来の給付額は変わってきます。

b　運用指図

個人勘定に入れられた拠出金をどのように投資するかは、加入者自身が決定します。掛け金の何パーセントをどの商品に投資する、という具合に指定します。また、投資している金融商品の一部または全部を売却して、別の金融商品に乗り換えることも随時可能です。これが、確定拠出年金の大きな特徴でもあります。ただし、あらゆる金融商品を自由に利用できるわけではなく、加入している確定拠出年金であらかじめ用意された運用商品の品揃えのなかから選択することになります。また、従業員が年金制度や資産運用の知識を備えているとは限りません。そこで、企業に対し、加入者向けの投資教育を提供することが義務づけられています。

運用商品の品揃えは、企業と運営管理機関により用意されます。**運営管理機関**とは、運用商品の選定や加入者への投資教育提供などのために、企業に雇われた金融機関です。預貯金、利率保証型の保険商品（ＧＩＣ）、投資信託の組合せが一般的で、平均十数本程度です。これらのなかから加入者が自ら拠出の投資先を選択します。これらのうち、最も多様性に富むのが投資信託です。**投資信託**は、多数の個人の資金をプールし、株式、債券などへの分散投資を行う金融商品で、主に株式に投資する株式投資信託、主に債券に投資する債券投資信託、株式・債券など異なるタイプの資産に投資するバランス型投資信託など、さまざまな種類があります（図表１－４）。

投資教育には、確定拠出年金制度の概要、資産運用の基礎知識、運用商品の仕組みと特徴などが含まれます。集合研修、冊子やニューズレター、ウェブサイトなどを通じて提供されます。確定拠出年金では、加入者は投資教育により得た知識に基づき、自分にとって適切な運用を実践することが想定されています。

確定拠出年金の投資教育には、金融経済教育への貢献という副次効果があると考えられます。確定拠出年金の投資教育を通じて、すでに六〇〇万人以上が投資の基礎知識に触れる機会を得てきました。学校教育と同様に、投資教育の実際の活用度合いは個人差が大きいのですが（詳しくは第3章、第4章で紹介します）、社会人に対する系統だった金融経済教育提供の場が貴重であることは確かです。

図表1－4　運用商品品揃えのイメージ

元本確保型商品		
	定期預金	A銀行1年定期預金 B銀行1年定期預金
	保険商品	利率保証型保険（5年） 利率保証型保険（10年）
投資信託		
	バランス型	株式25ファンド 株式50ファンド 株式75ファンド
	国内株式型	国内株式インデックスファンド 国内株式ファンド
	国内債券型	国内債券インデックスファンド 国内債券ファンド
	外国株式型	外国株式インデックスファンド 外国株式ファンド（為替ヘッジあり） 外国株式ファンド（為替ヘッジなし）
	外国債券型	外国債券インデックスファンド 外国債券ファンド（為替ヘッジあり） 外国債券ファンド（為替ヘッジなし）

（出所）　野村資本市場研究所

c　資産移換

確定拠出年金では、六〇歳になるまで原則として個人勘定資産を引き出すことができません。一般の貯蓄ではなく年金目的の資産形成であるからこそ税制措置が付与されているのであり、そのことを明示するために、現役時代の中途引出しは厳しく制限されています。

そのかわり、離職・転職した場合も、確定拠出年金への加入を続けることができます。具体的には、加入者は自分の個人勘定資産を、転職先に企業型確定拠出年金があればその個人勘定に移換することができます。転職先に確定拠出年金がない場

図表1－5　確定拠出年金のポータビリティのイメージ

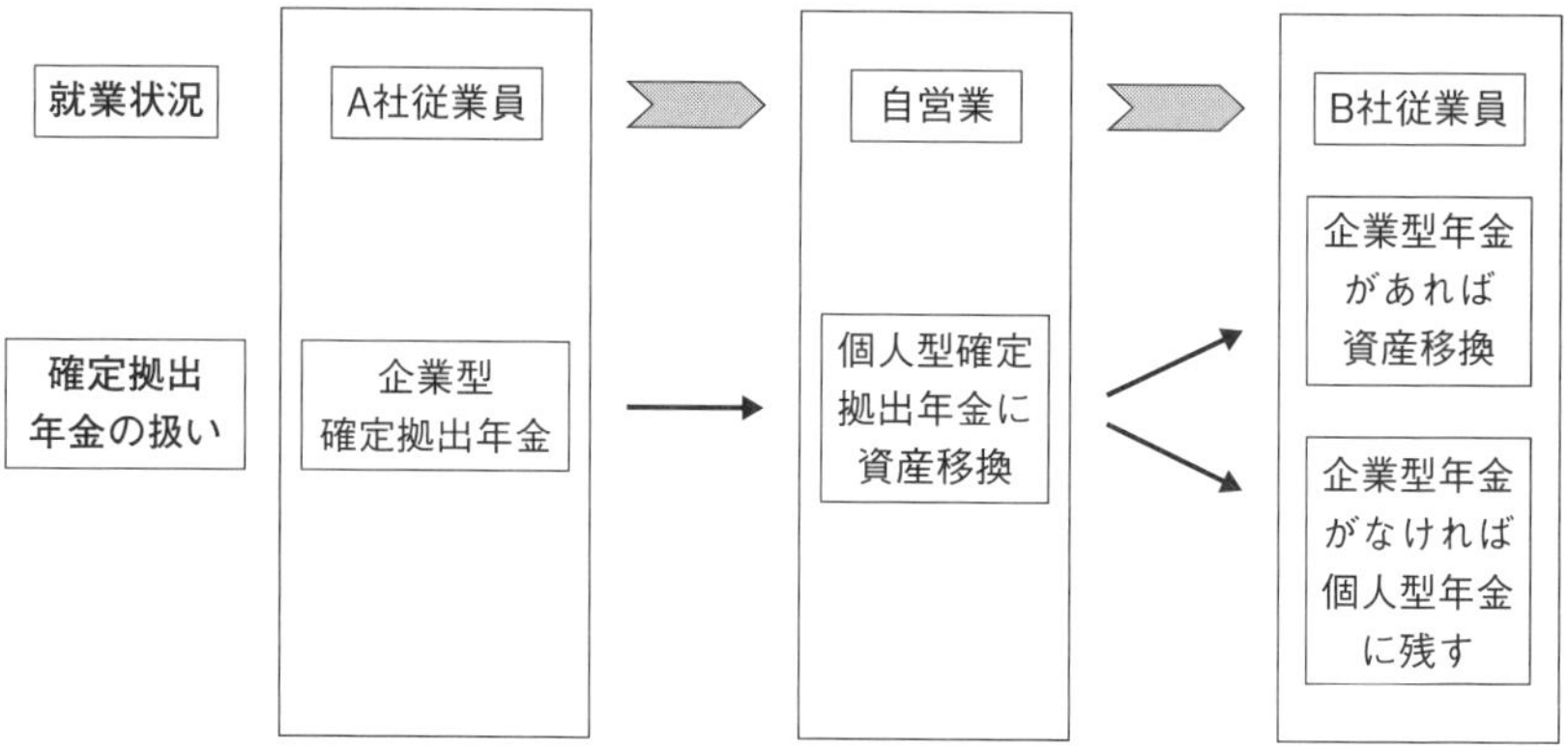

（出所）　野村資本市場研究所

合、あるいは、自営業者になったり第三号被保険者になったりする場合は、金融機関で個人型確定拠出年金の個人勘定を開設し、そこに資産を移換します（図表1－5）。自分の資産を持ち運べる、ポータブルであるということから、この機能は「**ポータビリティ**」と呼ばれます。

離転職をしても年金資産が維持されるポータビリティは、労働市場の流動化、働き方の多様化への柔軟な対応に不可欠です。ポータビリティは、確定拠出年金の重要な特徴の一つです。

d　給　付

加入者が六〇歳に達すると、「**老齢給付金**」を受け取ることができます。加入者が運営管理機関に申請します。給付形態は、一時金と年金の二種類があります。年金は、五年から二〇年の有期年金です。

年金制度なので老齢給付金が中心的ですが、障害給付金と死亡一時金もあります。前者は、身体障害者手帳を交付されたなど一定の要件を満たすと、一時金または年金の受取りが可能になります。死亡一時金は、加入者が死亡した場合、遺族が受け取ります。

(2) 個人型確定拠出年金（iDeCo＝イデコ）のポイント

a 加入の意思決定も自助努力

以上が、企業型確定拠出年金の流れです。個人型確定拠出年金（iDeCo＝イデコ）も、個人勘定に拠出を入れて、加入者が運用指図を行い、六〇歳に到達したら給付を受け取ることができる、それまでの間はポータビリティが付与されているという概略は共通です（図表1－6）。

個人型確定拠出年金は、公的年金の加入者、すなわち、第一号被保険者、第二号被保険者、第三号被保険者のいずれもが加入対象です。ただし、国民年金保険料免除者は対象外です。国民年金保険料は、納付が経済的に困難なときには手続を行えば免除されますが、そのような状態にある場合は、確定拠出年金に加入することはできません。また、マッチング拠出が可能な企業型確定拠出年金の加入者も、企業型経由で個人拠出を行うことができますので、個人型確定拠出年金に加入することはできません。

個人型確定拠出年金の場合、個人が自分で加入することを決め、金融機関を選んで加入します。企業型の場合、確定拠出年金制度が職場にあれば従業員は自動的に加入しますが、個人型では、加入すること自体が、個人が自分の老後に備えるための自助努力の第一歩となります。この行動を起こすか起こさないかで、将来引退する時点で保有する年金資産に差がつくことになります。

個人型確定拠出年金に加入するには、金融機関で手続を行います。銀行、証券会社、保険会社など、幅広い金融機関が取り扱っています。個人は、運用商品の品揃えや加入者向けのサービス、諸手数料などを比較して、自分にあった加入先を選ぶことができます。

図表1－6　個人型確定拠出年金（iDeCo）の仕組み

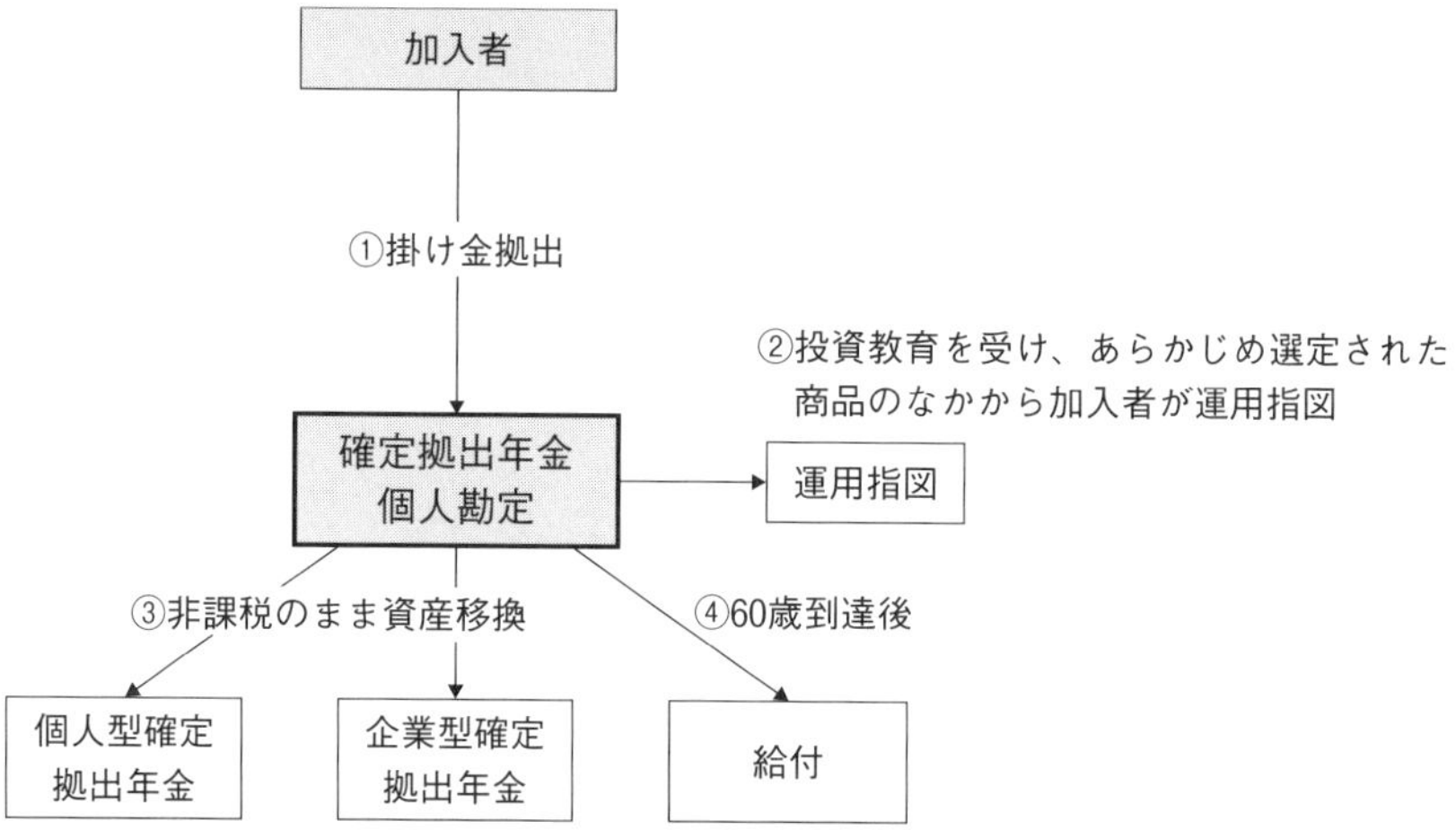

（出所）　野村資本市場研究所

b　資産移換の受け皿

個人型確定拠出年金は、資産移換の受け皿としての役割も担います。ポータビリティのところで触れましたが、企業型確定拠出年金の加入者が転職をする際、転職先に確定拠出年金がなければ、個人型確定拠出年金に資産移換することで、確定拠出年金の資産を維持することができます。いったん働くのをやめて第三号被保険者になる場合も、同様です。再就職先に企業型があれば、再び、個人型確定拠出年金から企業型に移換できるので、橋渡し役のような性格ももっています。

近年、個人の働き方・雇われ方の多様化が進んできました。その潮流は今後も続くと思われます。それに伴い、個人型確定拠出年金の、ポータビリティの中継地点としての役割の重要性も増していきます。

c　個人年金保険と個人型確定拠出年金（iDeCo）

個人ベースの老後のための自助努力といえば、保険会社の提供する個人年金保険があります。個人年金保険は家計の二割以上が保有しており、現時点では個人型確定拠出年金よりも普及しています。

両者の相違点としては、個人年金保険は保険会社が提供する一つの金融商品であるのに対し、個人型確定拠出年金は、多様な金融商品への投資が可能な個人向け資産形成口座である点です。また、個人型確定拠出年金は、前述の資産移換の受け皿機能も備えており、私的年金制度の一部に組み込まれているといえます。

さらに、個人年金保険は保険会社による一定の保証を伴いますが、個人型確定拠出年金において、給付額の保証は所与ではありません。とりわけ、長寿化が進む日本では、今後、「終身給付」、すなわち、五年、一〇年といったあらかじめ決められた期間ではなく、生涯にわたる給付保証へのニーズが高まると思われます。両者は、代替的な関係というより、それぞれの特徴をふまえて補完的に利用するべき存在といってよいかもしれません。

(3) 確定拠出年金の本質的な特徴

以上が、確定拠出年金の制度の大枠です。これをふまえて、確定拠出年金の本質的な特徴を整理すると、次の三点をあげることができます。

a　加入者の年金資産に対する権利確保

確定拠出年金では、加入者ごとに個人勘定が設定され、拠出はそこに入れられます。各加入者の個人勘定資産は他者の個人勘定資産と区分され、記録管理されます。個人レベルで、年金資産に対する権利が確保されているといえます。確定拠出年金の企業拠出は、勤務期間三年未満の場合を除いて、仮に従業員が離転職等で加入資格を失った場合も、企業が取り戻すことはできません。

他方、確定給付型年金には、加入者ごとの個人勘定が存在しません。加入者ごとの持ち分を計算して、加入者に提示するような制度設計もありますが、あくまでも計算上の持ち分であり、本当に個人勘定が設定され資産が区分されているわけではありません。

平常時であれば、この違いをさほど意識することはないかもしれません。しかし、企業が深刻な経営悪化、あるいは経営破綻に陥ったときに、確定給付型年金に積立不足が生じていると、「給付減額」ということが起こりえます。年金資産は企業本体の資産と分別管理されているので、一般債権者の取立てにあうことはありませんが、積立不足を企業が埋められないとなると、通常、年金受給者が現役の加入者より優先されますので、現役世代にとっては深刻な問題です。制度の提供母体が危機的状況にある以上、やむをえない面もありますが、個々の加入者からみた将来の給付に対する権利、すなわち受給権の制度上の限界といえます。

極端な話をしていると思われるかもしれません。しかし、年金制度は、個人の加入から受給までの期間をあわせると五〇年、六〇年という長期にわたる約束です。今世紀に入り、実際、大手企業が破綻し、確定給付型年金の給付減額を余儀なくされた事例も出ました。このような現実をふまえると、個人レベルでの権利確保は、確定拠出年金の大きな長所の一つです。

b　ポータビリティが前提とされている

確定拠出年金は、二〇〇一年の制度開始当初からポータビリティの付与を前提としていました。前述のとおり、その鍵を握るのが個人型確定拠出年金です。確定拠出年金と確定拠出年金の間はもとより、転職時に個人が申し出ることにより、前職で加入していた確定給付型年金からの一時金も受け入れることができます。

また、二〇一六年の制度改正により、遅くとも二〇一八年六月までに、確定拠出年金から確定給付型企業年金への資産移換も可能になります。ただし、この資産移換は受入側の確定給付型年金が同意した場合に限られますので、必ず受け入れることになっている確定拠出年金に比べると限定的といえます。

確定拠出年金のポータビリティも、二〇一六年の制度改正により実質的な意味において強化されました。それまでのポータビリティは、資産移換は確保されていましたが、制度上、個人型確定拠出年金の加入対象者が自営業者と企業年金のない従業員に限られていたため、企業型確定拠出年金のある企業から確定給付型企業年金はあるが、企業型確定拠出年金のない企業に転職した人は、前の職場での企業型確定拠出年金の資産を個人型に移換したものの、以後拠出ができなくなるという事態に陥っていました。これらの、拠出不可で運用のみ継続可能な人々は「**運用指図者**」と呼ばれ、通常の加入者と区別されてきました。

運用指図者の資産はいわば「塩漬け状態」に陥ります。すでに多額の資産が貯まっていれば運用だけで増やすことも考えられるかもしれませんが、通常は定期的な掛金拠出と運用との合わせ技で、長期にわたる資産形成を行います。制度上の加入制約が理由で運用指図者が出てしまう状態では、真のポータビリティを伴うとはいえませんでした。二〇一六年の改正によりこれが解消され、確定拠出年金のポータビリティはようやく本物になったといえます。

c　加入者自身が運用する

確定拠出年金の最大の特徴ともいえるのが、加入者自身による運用指図です。その環境を整備するのが企業と運営管理機関の責務であり、適切な商品揃えと加入者に対する投資教育の提供が含まれます。それらを活かしてどのように運用するかは加入者次第であり、最終的な年金給付額は、拠出と運用の結果に基づきます。要するに、年金運用のリスクは加入者が負います。確定給付型年金との根本的な相違点です。

確定拠出年金の運用については、しばしば、投資の経験が少ない加入者にとって自分で運用指図するのは負担が大きいという指摘がなされます。しかし、制度の構造上、運用リスクを個人が負う以上は、運用に関する選択権も、個人が有するのが公正であるといえるでしょう。選択権を個人に残しつつ、運用の負担感を軽減する方法も開発されています。それらについては、第4章で触れたいと思います。

3 税制措置

確定拠出年金は、年金制度としての税制措置を付与されています（図表1－7）。日本では、個人の貯蓄一般に対する税制上の支援は原則として行われていません。「年金のため」という、広く受け入れられた大義名分があって、ようやく税制措置が得られるのが実情です。

資産形成を支援する税制は、通常、拠出時、運用時、給付時のいずれかのタイミングで、通常の資産形成に比べて有利な措置を付与します。年金でしばしば採用されるのが、拠出時と運用時に非課税とし、給付時に課税するパターンです。通常の資産形成ですと、拠出時と運用時に課税し、給付時は課税されません。年金のほうが非課税のタイミングが一つ多い分、有利です。

確定拠出年金も、年金制度の一種として、拠出時・運用時非課税、給付時課税の税制措置を付与されています。同時に、「年金のため」という目的に資するよう、六〇歳未満の引出制限をはじめとする条件が課せられています。

図表１－７　確定拠出年金の税制措置の概要

	確定拠出年金	通常の資産形成
拠出	非課税 ・個人は所得控除可。 ・企業は損金算入可。企業拠出分は個人の所得に不算入。	課税 ・所得控除なし。
運用	非課税 ・運用収益は非課税。	課税 ・運用収益に対し年率20％の課税。
給付／引出し	課税 ・一時金受取りは退職所得。退職所得控除の適用。 ・年金受取りは雑所得。公的年金等控除の適用。	非課税 ・引出し時の課税なし。

（出所）　野村資本市場研究所

(1)　拠出時の税制

a　個人所得税、法人税の対象外

企業型確定拠出年金は、企業と個人の両方が拠出します。個人型確定拠出年金は、個人のみが拠出します。

個人の拠出は、企業型・個人型ともに、「**所得控除**」が適用されます。通常の個人所得税では、給与などの所得から税制上認められた金額を控除して課税所得を計算し、課税所得に対し税率をかけてその人が納める所得税を算出します。この「税制上認められた控除」が所得控除で、そのなかに、確定拠出年金に対する拠出が含まれます。「小規模企業共済等掛金控除」という名前の所得控除です。つまり、確定拠出年金に拠出すれば、その分、課税対象となる所得を減らし、納税額を減らすことができます。合法的な節税です。

企業の拠出は、「**損金算入**」が適用されます。企業の場合も、法人税の対象となる所得を計算するにあたり、売上げから原材料費や人件費などの税制上認められた金額を控除します。これらのなかに企業年金への拠出も含まれます。企業は、確定拠出年金に拠出することで、法人税を減らすことができます。

企業年金への拠出は、企業が従業員のために支払うという点で、給与と同じです。給与も損金算入できます。では、給与と企業年金への拠出の違いは何でしょうか。それは、給与が従業員の個人所得税の対象になるのに対し、企業年金への拠出は対象外であることです。企業年金への拠出は、その時点では従業員が受け取ったとみなされず、個人の所得に含まれません。企業の損金算入と個人の所得不算入の両方が適用されるので、企業年金への拠出は税制上、優遇されていることになります。

b　加入可能な年齢と中途引出しの制約

税制措置にはさまざまな条件が設けられます。確定拠出年金の場合、拠出できる期間、拠出できる金額、六〇歳到達前の引出しに対する制限です。

確定拠出年金に拠出できるのは、基本的に六〇歳までです。ただし、企業型確定拠出年金で六一〜六五歳まで加入可能とされている場合は、拠出を続けることができます。

これに対応して、給付を受け取ることが可能なのは、**六〇歳到達後、退職した時点**です。六〇歳到達前の中途引出しは非常に厳格に制限されています。例外として認められるのは、①加入者の死亡時の死亡一時金、②障害時の障害年金または一時金、③一定の要件を満たした場合の脱退一時金です。脱退一時金の要件とは、経済的に困窮して国民年金保険料免除者となり、かつ、加入期間が短い、または個人勘定残高が少額というものです。

六〇歳という年齢まで引出しを制限するのは、年金であり貯蓄ではないことを明確にするためです。もっとも、この制約の厳しさゆえに、企業が確定拠出年金の導入に慎重になったり、個人が個人型確定拠出年金に加入するのをためらったりするのも事実です。

c　拠出限度額

確定拠出年金には、拠出限度額が設定されています。図表1－8のとおり、公的年金の加入分類や職場の年金制度に応じて、企業型、個人型それぞれの金額が設定されています。

企業型確定拠出年金は、職場の年金制度が確定拠出年金のみか、あるいは、確定給付型年金と確定拠出年金の両方かで異なります。拠出の出し手は、企業と個人の両方がありえますが、合計の限度額は変わりません。すなわち、企業と個人の拠出合計を、この限度額の範囲内に収める必要があります。

個人型確定拠出年金は、公的年金の第一号被保険者、第二号被保険者、第三号被保険者の区分と、第二号被保険者については、職場の年金制度の内容に基づき設定されています。図表1－8のとおり、いくつも金額が設定されていて複雑ですが、次のような考え方に基づきます。

まず、公的年金の報酬比例部分の有無で分かれます。自営業者等の第一号被保険者は、国民年金のみで報酬比例部分がありません。そのため、確定拠出年金の限度額は最も高く設定されています。

報酬比例部分のある、第二号被保険者は、職場の年金制度の内容により分かれます。確定給付型年金がある場合、そちらからの給付も見込まれる分、限度額が低く設定されます。個人型確定拠出年金は、第二号被保険者のなかでは職場に年金制度のない人が最も高く、企業型確定拠出年金のみの人、確定給付型年金がある人、の順になります。公務員は厚生年金に加えて「年金払い退職給付」という確定給付型年金が提供されますので、確定給付型年金のある民間従業員と同じ分類です。

第三号被保険者は、やや特殊です。定義上、彼らは所得がありませんので、拠出時の所得控除を受けることが

図表１－８　確定拠出年金の拠出限度額

〈企業型確定拠出年金〉

職場の年金制度	拠出限度額（年間）
企業型確定拠出年金のみ	・66万円 ・うち、個人拠出（マッチング拠出）は企業拠出以下 ・個人型への同時加入の場合、企業拠出42万円
企業型確定拠出年金と確定給付型年金	・33万円 ・うち、個人拠出（マッチング拠出）は企業拠出以下 ・個人型への同時加入の場合、企業拠出18.6万円

〈個人型確定拠出年金〉

公的年金上の区分	拠出限度額（年間）
第１号被保険者	・81.6万円 ・ただし、国民年金基金への拠出とあわせて限度額以内
第２号被保険者 民間従業員 　企業年金なし 　企業年金あり 　　企業型確定拠出年金のみ 　　企業型確定拠出年金と確定給付型年金 　　確定給付型年金のみ 公務員	 ・27.6万円 ・24万円 ・14.4万円 ・14.4万円 ・14.4万円
第３号被保険者	・27.6万円 ・ただし、所得控除なし

（出所）　各種資料より野村資本市場研究所作成

できません。所得のある配偶者がかわりに所得控除を受けるという考え方もありますが、日本の制度はそのようになっていません。したがって、所得控除という確定拠出年金加入の大きなインセンティブが、第三号被保険者には存在しません。他方、企業型確定拠出年金にいったん加入した後、第三号被保険者になり、個人型確定拠出年金に資産移換するようなケースでは、以前は運用指図者になるしかありませんでしたが、二〇一六年の制度改正によって拠出を継続することが可能になりました。このことの意義は決して小さくありません。

⑵　運用時の税制

確定拠出年金の個人勘定資産を運用して得られた収益には、税金がかかりません。通常の資産運用では、運用収益に対する二〇％の課税があります。これが毎年積み重なっていくと、大きな違いになります。ただし、日本の私的年金に対する運用時の税制は、原則として「**特別法人税**」が課せられることとなっています。特別法人税は一九九九年に凍結されましたので、二〇〇一年に制度が開始された確定拠出年金は一度も課税されたことがありません。年金に対する税制上の支援を明確化するためにも、特別法人税は凍結延長ではなく撤廃することが主張されています。

⑶　給付時

確定拠出年金は、原則、六〇歳に到達すると給付を受け取ることができます。給付時には課税されますが、通常の所得課税とは異なる税制が適用されます。年金受取りの場合は雑所得の扱いで**公的年金等控除**の対象となり、一時金受取りの場合は退職所得の扱いで**退職所得控除**が適用されます。

年金受取りの場合は、収入金額から公的年金等控除額を差し引いて、課税対象となる所得金額を計算します。六五歳未満の場合、年間七〇万円、六五歳以上の場合、年間一二〇万円までであれば全額公的年金等控除の対象となり、課税対象はゼロです。

一時金の場合は、収入金額から退職所得控除額を差し引き、その二分の一が課税対象となります。勤続年数が二〇年以下の場合は四〇万円掛ける勤続年数、二〇年超の場合は八〇〇万円に、二〇年の超過年数掛ける七〇万円を足して、退職所得控除額を計算します。たとえば、勤続年数が一一年の人は四四〇万円、三〇年の人は一五〇〇万円が退職所得控除額となり、この金額までであれば、課税対象がゼロになります。課税されたとしても、通常の所得課税に比べて相当程度小さくなることがみてとれます。給付時にも税制措置が付与されていることから、日本の年金税制は、拠出時・運用時のみならず給付時もほとんど非課税だという指摘もあります。

前述のとおり、確定拠出年金は、六〇歳まで原則として引き出すことができません。その一方で、**七〇歳までには給付の受取りを開始する必要があります**。年金に対する税制措置は、本人の老後の所得確保を支援することが目的ですので、一定の年齢に達した時点で、給付を開始すると定めるのは合理的といえます。

(4) 年金VS貯蓄

確定拠出年金の税制は、「貯蓄ではなく年金であることをいかに明示するか」に基づき構築されているといえます。そのことが最も強く表れているのが中途引出しの制約です。

年金であるからこそ税制措置を付与する以上、中途引出しに制限がかかるのは当然といえます。ただ、企業年金を提供するかどうかは企業の任意ですので、企業にとって自社の福利厚生制度として導入しやすいことも重要です。日本企業の間で最も普及している退職給付制度は、実は企業年金ではなく退職一時金です。企業型確定拠出年金を検討する際、退職一時金と比較して、従業員が離転職時に受け取れないことが導入のハードルになるという指摘もあります。また、同じ企業年金でも、確定給付企業年金では離転職時に脱退一時金を受け取ることができます。六〇歳まで原則引き出せない確定拠出年金の厳格さが際立ちます。

個人型確定拠出年金については、個人が加入、拠出を決めますので、厳格な引出制限が、個人に加入を躊躇させることは否定できません。年金としての原則をどこまで貫徹するかは、制度の普及・推進とのバランスをとることが重要といえます。

4 NISAと個人型確定拠出年金（iDeCo）

個人型確定拠出年金（iDeCo）と同様に、税制措置の付与を通じて個人の資産形成を後押しする制度として、**少額投資非課税制度**（NISA、ニーサ）があります。

NISAは、国民の資産形成支援、および、成長マネー供給の強化を目的に、二〇一四年から二〇二三年までの一〇年間の制度として導入されました。二〇一六年から未成年用のジュニアNISAが追加され、さらに二〇一八年から毎年四〇万円までの投資について二〇年間、運用益を非課税にすることのできる積立型NISAが導入されますが、以下では成人用のNISAを取り上げます。

NISAの制度の概要は図表1－9のとおりです。二〇歳以上の個人が証券会社、銀行といった金融機関で口

図表１－９　少額投資非課税制度（NISA）の概要

	NISA	〈参考〉個人型確定拠出年金
対象者	20歳以上の居住者	公的年金の第１～３号被保険者
制度の期限	拠出できるのは2014～2023年の10年間	恒久的な制度
拠出限度額	年間120万円	加入者の公的年金上の分類、勤務先の制度により設定
非課税の投資の対象	上場株式等・公募株式投信の配当・譲渡益	預貯金・保険商品・投資信託など
非課税の期間	拠出した年から最長５年間	給付時まで（拠出時・運用時非課税）
途中売却	自由。ただし、売却分の枠は再利用不可なので口座内の投資対象変更ができない	60歳到達前の引出しは原則不可。口座内の投資対象の変更可
口座開設先の変更	拠出先を変更可能 １年間に拠出可能なのは１口座	可能

（出所）　金融庁、厚生労働省より野村資本市場研究所作成

座を開設し、年間一二〇万円まで拠出することができます。拠出に対する所得控除はありませんが、ＮＩＳＡ口座経由の投資は、五年間運用収益が非課税になります。五年経ったら通常の証券口座へ移管され、通常の課税に戻ります。また、引出しに対する制約はなく、売却して五年未満で引き出してもかまいません。

ＮＩＳＡのもう一つの大きな特徴は、税制措置の対象になるのが、**上場株式と株式投資信託に限定されること**です。成長マネー供給を強化したいという政策目的がここに表れています。

個人型確定拠出年金とＮＩＳＡを比較してみましょう。どちらも個人の資産形成を支援する制度ですが、個人型確定拠出年金は年金目的ということで、所得控除、運用時非課税という措置が付与され、そのかわ

り六〇歳未満の引出しが原則禁止です。それに対し、NISAは、所得控除はなく、運用収益非課税の期間は五年に限られますが、**引出制限はありません**。また、個人型確定拠出年金の運用は、預貯金、保険商品、投資信託といった多様な金融商品により行えるのに対し、NISAは株式と株式投資信託に限られます。異なる特徴をもつ両制度を、個人はそれぞれの強みを活かすかたちで併用することができます。

両者の普及状況をみると興味深いことがわかります。個人型確定拠出年金が二〇〇二年開始であるのに対しNISAは二〇一四年開始と、導入されてから日が浅いにもかかわらず、二〇一六年九月末時点でNISAの口座数は約一〇五〇万口座、六〇代以上を除いても四八八万口座と、個人型確定拠出年金の加入者数を大きく上回ります。NISAのほうがはるかに速いペースで普及しているということです。

この相違の原因はいろいろ考えられますが、一つは、制度の対象者に関する制約の有無があげられます。NISAは**二〇歳以上であればだれでも利用できます**が、個人型確定拠出年金は二〇一六年まで、自営業者と企業年金のない民間従業員に限られていました。このような制約は、潜在的な利用者を減らすだけでなく、個人にとって理解しづらく、複雑な制度として敬遠されることにつながります。金融サービス業者にとっても取り組みづらい制度と位置づけられてきた感は否めません。しかし、二〇一六年の制度改正により個人型の加入対象者の制約が撤廃されたのを契機に、この状況が変化する可能性があります。

第2章

確定拠出年金サービス提供者の役割と責任

1 どのようなサービス提供者がいるか

確定拠出年金の運営にはさまざまなサービス提供者がかかわっています。中心的なのは、**運営管理機関**、**レコードキーパー**、**資産管理機関**、そして**運用商品の提供機関**です。個人型確定拠出年金では、個人の加入窓口になる**受付金融機関**も重要です。また、企業型の企業（事業主とも呼ばれます）、個人型の**国民年金基金連合会**は、制度の「設定者」「実施主体」という役割を担います。まず基本的な役割について企業型をベースに説明し、次いで個人型特有の事項についても触れます。全体の関係は図表2－1、図表2－2を参照してください。

(1) 運営管理機関

運営管理機関は、確定拠出年金法で規定されている主体です。法令用語なので響きが固いですが、その名のごとく、確定拠出年金が滞りなく運営されるよう、基盤となるシステムやサービスを提供します。

a 運用商品の選定・提示

運営管理機関は、確定拠出年金の運用商品の選定と、加入者に対する提示を行います。加入者は、確定拠出年金の商品の品揃えのなかからしか投資対象を選べませんので、運用商品の選定・提示はきわめて重要です。運営管理機関の業務は、企業（事業主）が行ってもかまいませんが、事業主が金融機関でもない限り、加入者による年金運用にふさわしい商品の品揃えを構築するのは容易ではありませんので、通常は専門家に委託します。

運営管理機関の一覧は、厚生労働省のウェブサイトで開示されています。銀行、信用金庫、証券会社、保険会

図表２－１　企業型確定拠出年金のサービス提供者の関係図

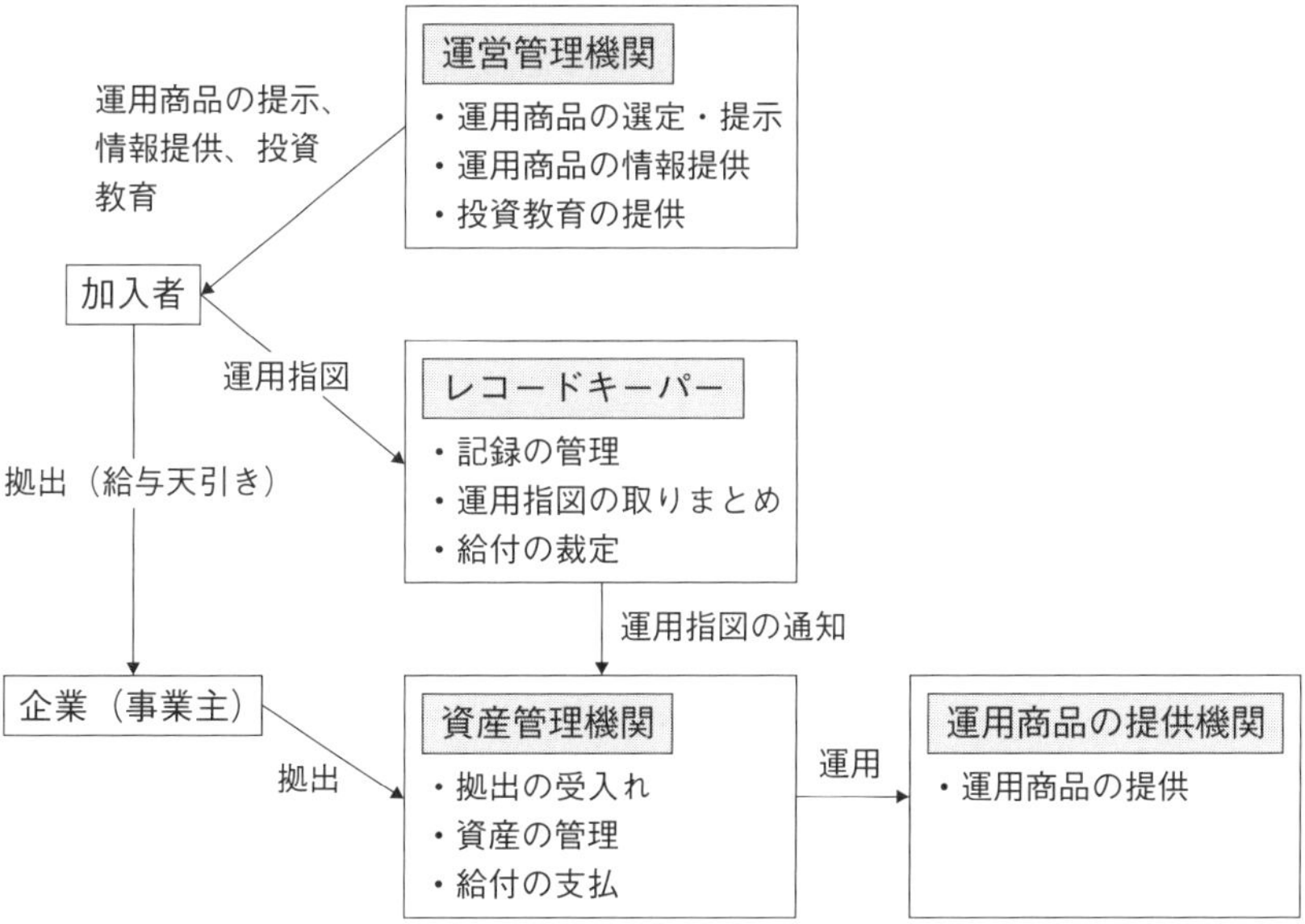

（出所）　各種資料より野村資本市場研究所作成

社といった金融機関、それらのグループ会社、そして専業の業者からなります。二〇一七年二月二八日時点で二〇五社が登録されていますが、サービス提供対象の加入者数でみると、大手数社に集中しています。格付投資情報センターの年金業界誌「年金情報」によると、二〇一六年五月時点で、三井住友信託、みずほ、日本確定拠出年金コンサルティング（現・三菱ＵＦＪ信託）、日本生命、野村證券の上位五社で加入者の七割以上を占めていました。

運用商品の選定・提示は、確定拠出年金法により、中立的・客観的に、専門的知見をもって行うことが求められています。運営管理機関では、この責務を果たすべく、定量的・定性的な評価に基づき、多様な投資信託、預金、保険商品の商品ユニバースを用意します。そのうえで、企業と相談し、企業の要望もふまえながら、実際の品揃えを決定します。

図表2－2　個人型確定拠出年金のサービス提供者の関係図

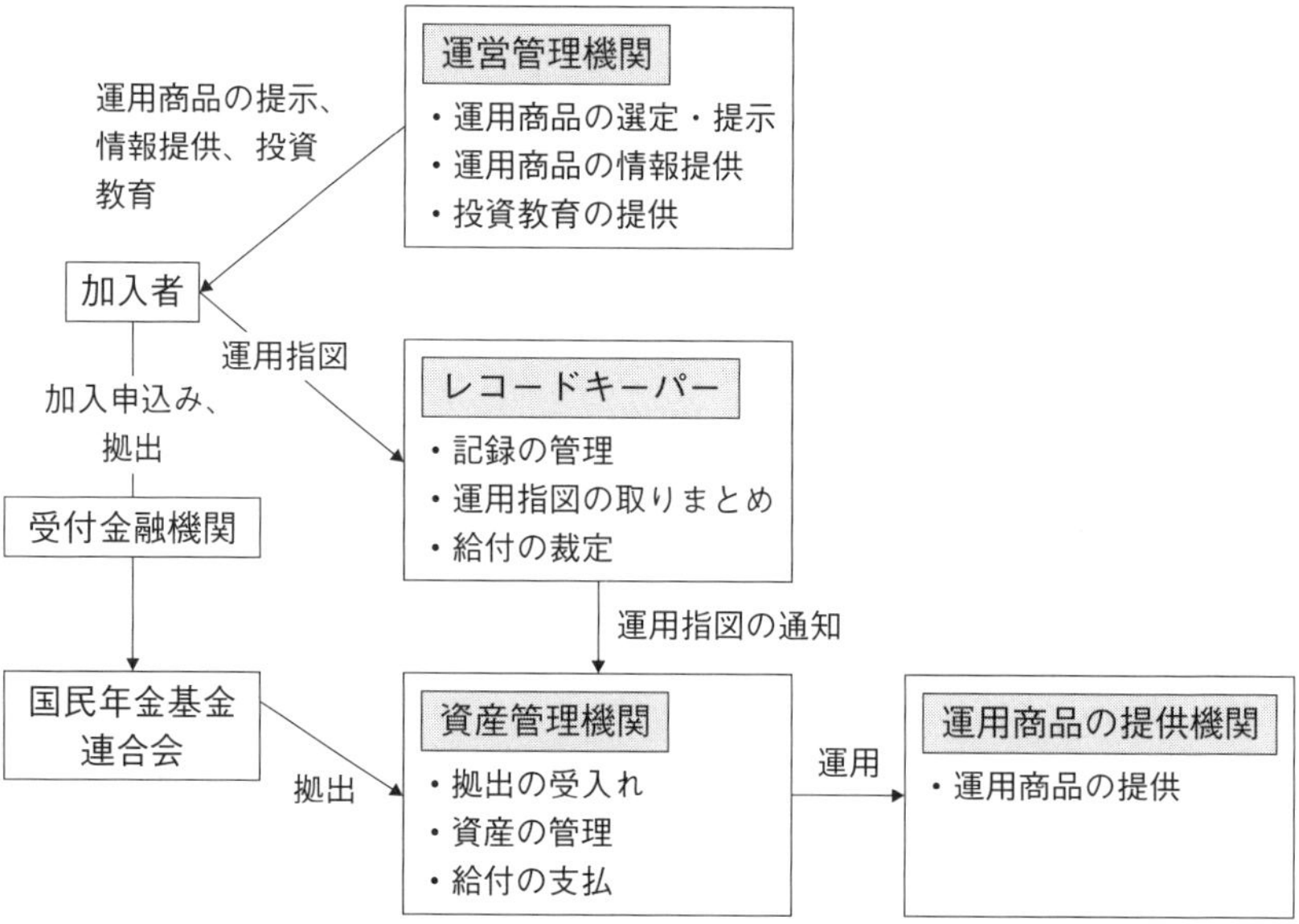

（注）　加入者が従業員の場合は原則として給与天引きで拠出するが、口座振替による拠出も可能。自営業者等は口座振替で拠出。

（出所）　各種資料より野村資本市場研究所作成

運用商品の品揃えには、一定の法令上の規制があります。まず、本数の下限があり、三本以上とされています。また、そのうち一本以上は、「元本が確保される運用方法」でなければなりません。具体的には、預貯金、保険会社の利率保証型保険商品などで、低リスク・低リターンの商品です。これらは「元本確保型商品」と呼ばれます。元本確保型商品に加えて、投資信託が選定・提示されます。

ただし、これらの運用商品の品揃えの規制は、二〇一六年の制度改正により、遅くとも二〇一八年六月までに変更することが決定されました。詳しくは第4章で述べますが、元本確保型商品の提示義務は撤廃されることになります。また、単に三本以上の商品を提示するだけでなく、リスク・リターン特性の異なる商品提示が求められるようになります。

運用商品に関する情報提供も運営管理機関の仕事です。過去の運用実績、運用リスク（価格変動）、手数料といった基本情報が含まれます。通常の金融商品の個人投資家向け情報開示と同様の内容です。万が一運営管理機関が重要情報の提供を怠った場合、損害賠償責任を問われる可能性があります。

b　運用商品選定における中立性とは

前述のとおり、運営管理機関は、商品選定を中立的・客観的に行う必要があります。その一方で、運営管理機関のほとんどは、金融機関の一部署だったり、金融グループに属する会社だったりします。そして、運営管理機関の属する金融機関の別の部署や別のグループ会社が、確定拠出年金の運用商品を提供しています。たとえば、銀行系の運営管理機関であれば、銀行預金や系列の投資信託運用会社が該当します。

運営管理機関は、自社あるいはグループ会社の商品を優先させることなく選定しなければなりません。運用商品の選定・提示は、加入者の運用実績に重大な影響を及ぼしますので、厳格な中立性・客観性が求められています。

c　投資教育

投資教育は、運用商品の選定・提示と並んで、確定拠出年金の運用の要といっても過言ではありません。企業は、確定拠出年金法により、加入者向けの投資教育を提供するよう努めることが義務づけられています。通常は、商品選定・提示と同様に、運営管理機関など外部の専門業者に委託します。

投資教育は、しばしば、確定拠出年金の導入時および従業員の加入時に提供される内容と、加入後に継続的に提供される内容とに大別されます。

図表２－３　確定拠出年金の投資教育の内容

確定拠出年金制度等の具体的な内容	日本の年金制度の概要、確定拠出年金の位置づけ
	確定拠出年金制度の概要
	(ア)加入対象者、拠出限度額
	(イ)運用商品の範囲・提示
	(ウ)給付の種類・受給要件・給付開始時期・受取方法
	(エ)資産移換の方法
	(オ)税制措置の内容
	(カ)事業主、国民年金基金連合会、運営管理機関、資産管理機関の役割と行為準則
金融商品の仕組みと特徴	預貯金、信託商品、投資信託、債券、株式、保険商品等それぞれの金融商品について
	(ア)性格・特徴
	(イ)種類
	(ウ)期待リターン
	(エ)リスク
	(オ)有価証券、変額保険等の価格に影響を与える要因等
資産運用の基礎知識	(ア)資産運用の留意点（金融商品の仕組み・特徴を十分認識したうえで運用する必要があること）
	(イ)リスクの種類と内容（金利リスク、為替リスク、信用リスク、価格変動リスク、インフレリスク等）
	(ウ)リスクとリターンの関係
	(エ)長期運用の考え方とその効果
	(オ)分散投資の考え方とその効果
老後の生活設計	(ア)老後の定期収入は現役時代と比較し減少するため、資産形成は現役時代から取り組むことの必要性
	(イ)平均余命などを例示することで老後の期間が長期に及ぶものであることおよび老後に必要な費用についても長期にわたり確保する必要があること

	(ウ)老後に必要となる一般的な生活費の総額を例示しつつ、公的年金や退職金等を含めてもなお不足する費用（自身が確保しなければならない費用）の考え方
	(エ)現役時代の生活設計を勘案しつつ、確定拠出年金や退職金等を含めた老後の資産形成の計画や運用目標の考え方
	(オ)加入者等が運用商品を容易に選択できるよう運用リスク度合いに応じた資産配分例の提示

（出所）　確定拠出年金法令解釈通知

導入時・加入時の投資教育には、どの加入者にも必ず一回は触れておいてほしい情報が盛り込まれています。主な項目をあげると、確定拠出年金制度の具体的な内容、資産運用の基礎知識、金融商品の仕組みと特徴などです（図表2－3）。投資教育という名称とは裏腹に、狭義の投資に関する内容に限定されていないことがみてとれます。投資教育に盛り込まれるべき事項は、厚生労働省の通知に具体的に記述されています。どの企業でも、おおむねこの内容に沿った投資教育が提供されると考えてよく、均質化されているといえるでしょう。

よりむずかしいのが、**継続的な投資教育**です。企業によって確定拠出年金に投入できるリソースには違いがありますし、同じ企業のなかでも加入者の理解度や関心は千差万別です。どのくらいの頻度で提供するのが効果的なのか、内容は導入時・加入時と同じがよいのか、加入者の関心や理解度で異なる内容を用意すべきかなど、さまざまな論点があり、画一的には決められません。企業年金連合会の二〇一五年度調査によると、六一％が継続投資教育を行っており、そのうち、複数回実施しているところが六六％ありました。

投資教育の提供方法は、集合研修、冊子、ＤＶＤ、企業のイントラネット上のＥラーニングなどさまざまです。一般に、導入時・加入時は全員参加の研修を組むなど、手間とコストがかかる方法がとられます。研修の講師としては、しばしば運営管理機関の従業員が派遣され、一時間半から二時間くらいのセッションが、必要に応じて複数回、複数箇所で行われます。

導入時の投資教育に比べると、継続的な投資教育の提供方法は企業によりさまざまです。研修を再び行うこともありますし、イントラネット上のEラーニング、社内報への記事掲載など、よりコスト効率のよい方法も活用されます。

(2) レコードキーパー

確定拠出年金では、加入者ごとに個人勘定が設定されますので、個人レベルの記録管理が必要となります。確定拠出年金法により、記録関連業務として規定されている業務を担うのが、レコードキーパーです。

レコードキーパーは、氏名・住所といった加入者の個人属性、個人勘定の資産残高など、加入者に関する情報を記録・保存し、加入者に通知します。また、加入者の運用商品選択（拠出の何パーセントをどの商品に入れるかの指示）、加入者による運用商品の変更（投資している運用商品の全部または一部を売却して、別の運用商品に投資する指示）などを取りまとめて、後述する資産管理機関に連絡します。さらに、加入者が給付を受け取る際の事務も、レコードキーパーの役割です。

レコードキーパーは、確定拠出年金の運営における基幹業務を提供しており、インフラストラクチャに近い存在です。制度変更への対応などを含め、継続的なシステム投資も必要とされます。現在、日本の確定拠出年金には、レコードキーパーが四社あり、そのうちの二社は複数の金融機関が共同出資して設立されました。日本インベスター・ソリューション・アンド・テクノロジー（JIS&T）と、日本レコード・キーピング・ネットワーク（NRK）で、市場の九割以上を占めています。

(3) 資産管理機関

資産管理機関は、確定拠出年金資産の保管者です。個人型確定拠出年金の場合、**事務委託先金融機関**と呼ばれます。

確定拠出年金の資産は、企業本体の資産と**分別保管**されます。そうすることで加入者の年金受給権を確保します。信託銀行、生命保険会社がこの役割を担います。

確定拠出年金の資産管理機関は、企業と加入者からの掛け金拠出を受け入れ、管理します。また、レコードキーパーから送られてくる、加入者の運用に関する指示を受け、指示どおりに運用商品の買付け・売却を行い、給付に関する指示を実行します。資産管理機関も、確定拠出年金のインフラストラクチャに近い存在です。

(4) 運用商品の提供機関

確定拠出年金の加入者に提示される運用商品は、預貯金、保険商品、投資信託などからなります。これらの運用商品を提供する金融機関も、確定拠出年金のサービス提供業者の一角を担います。

預貯金は銀行、信用金庫、ゆうちょ銀行といった金融機関が提供します。

利率保証型の保険商品は、生命保険会社、損害保険会社が提供します。

投資信託の運用は、運用会社が行います。ただし、ほとんどの運用会社は商品の販売機能をもたないので、証券会社が販売会社として介在します。

図表2－4では、確定拠出年金専用の投資信託のうち、資産残高が大きいものをあげました。運用会社は、し

ばしば、同様の商品を一般投資家向けと確定拠出年金向けに提供しますが、名称に「ＤＣ」、あるいは「確定拠出年金」とついているファンドは確定拠出年金専用です。ＤＣとは、確定拠出年金の英語であるDefined Contribution の省略形です。

図表２－４のとおり、三菱ＵＦＪ国際投信、野村アセットマネジメント、大和証券投資信託委託、三井住友トラスト・アセットマネジメント、アセットマネジメントＯｎｅなど、大手運用会社が、確定拠出年金でも運用商品を提供しています。投資信託の分類をみると、複数の種類の資産に分散投資する複合資産型や、国内外株式型、国内外債券型など多岐にわたることがわかります。

(5) サービス提供機関の組合せ

運営管理機関、資産管理機関、運用商品提供機関を一つの主体が兼ねることも可能です。あるいは、同じ金融グループ内でパッケージとしてサービス提供することもありえます。

実際にどのサービス提供業者を雇うのかは、コンペを行い企業が決定しますが、確定拠出年金の場合、投資教育のような加入者向けサービスの存在が特徴的であり、それらを提供する運営管理機関の選定が業者選定の中心を占めているといえます。翻って、運営管理機関は、企業に営業して自社の強みをアピールします。

運営管理機関が決まると、レコードキーパーは自ずと決まってくるところがあります。既述のとおり、レコードキーパーは四社ありますが、運営管理機関はそれらのうちのいずれかと、あらかじめシステム接続しており、それ以外のレコードキーパーを使うことは現実的でないからです。資産管理機関の役割は重要ですが、そこでの差別化はむずかしいのが実情です。

図表２－４　資産残高の大きい確定拠出年金専用投資信託

ファンド名	投信会社	分類	設定日（年／月／日）	純資産総額（億円）
三菱UFJ　プライムバランス（安定成長型）（確定拠出年金）	三菱UFJ国際投信	複合資産 資産配分固定	2002/11/8	1,375.00
野村外国株式インデックスファンド・MSCI－KOKUSAI（確定拠出年金向け）	野村アセットマネジメント	海外株式グローバル	2002/2/22	1,090.80
三菱UFJ　DC国内債券インデックスファンド	三菱UFJ国際投信	国内債券一般	2002/2/5	974.77
DCダイワ外国債券インデックス	大和証券投資信託委託	海外債券グローバル	2002/12/2	956.76
DC日本債券インデックス・オープンS	三井住友トラスト・アセットマネジメント	国内債券一般	2003/2/3	923.27
DIAM外国株式インデックスファンド〈DC年金〉	アセットマネジメントOne	海外株式グローバル	2002/9/5	900.86
三菱UFJ　プライムバランス（成長型）（確定拠出年金）	三菱UFJ国際投信	複合資産 資産配分固定	2002/11/8	808.95
DIAM国内株式インデックスファンド〈DC年金〉	アセットマネジメントOne	国内株式該当無	2002/11/15	775.47
DC日本株式インデックスファンドL	三井住友トラスト・アセットマネジメント	国内株式一般	2002/4/1	710.02
マネー・マネジメント・ファンド（確定拠出年金向け）	野村アセットマネジメント	日々決算型MMF	2001/11/22	675.44
三菱UFJ　DC国内株式インデックスファンド	三菱UFJ国際投信	国内株式一般	2003/9/30	637.31
DCマイセレクション50	三井住友トラスト・アセットマネジメント	複合資産 資産配分固定	2001/10/1	580.45

三菱UFJ　プライムバランス（安定型）（確定拠出年金）	三菱UFJ国際投信	複合資産 資産配分固定	2002/11/8	577.08
野村国内債券インデックスファンド・NOMURA－BPI総合（確定拠出年金向け）	野村アセットマネジメント	国内債券一般	2002/7/25	559.77
マイバランス50（確定拠出年金向け）	野村アセットマネジメント	複合資産 資産配分固定	2002/7/25	551.87
DCダイワ日本株式インデックス	大和証券投資信託委託	国内株式該当無	2003/1/27	526.76
マイバランス70（確定拠出年金向け）	野村アセットマネジメント	複合資産 資産配分固定	2002/7/25	486.54
三井住友・DC外国債券インデックスファンド	三井住友アセットマネジメント	海外債券グローバル	2002/4/1	474.07
DC日本債券インデックスファンドL	三井住友トラスト・アセットマネジメント	国内債券一般	2003/1/15	457.04
DC・ダイワ・バリュー株・オープン　DC底力	大和証券投資信託委託	国内株式該当無	2001/11/28	441.12
野村国内株式インデックスファンド・TOPIX（確定拠出年金向け）	野村アセットマネジメント	国内株式一般	2002/10/11	411.31

（注）　ファンド名に「DC」または「確定拠出年金」とついているファンドの純資産残高上位順。分類の「国内株式該当無」は、国内株式ファンドのうち、「一般」「大型」「中小型」に該当しないもの。2016年10月14日時点。なお、マネー・マネジメント・ファンドはマイナス金利の影響により、2017年5月末に償還される。

（出所）　投資信託協会より野村資本市場研究所作成

運営管理機関に次ぐポイントが、運用商品です。運用商品の提供機関は、運用商品の営業を行います。運用商品の選定・提示は運営管理機関が企業と議論して行いますので、営業先は運営管理機関と企業ということになります。運営管理機関自身や系列の運用会社が提供しているのと同様な商品ですと、他の運用会社の提供する商品が採用されることは、パフォーマンスが明らかに上回るなどの優位性がない限りむずかしいかもしれませんが、運営管理機関や系列会社が得意としていない分野などであれば選定されることは十分ありえます。実際、金融機関が運営管理機関の選定競争に負けた場合も、運用商品の選定競争には勝ち残るといったことも珍しくないようです。

2 個人型確定拠出年金（ｉＤｅＣｏ＝イデコ）

ここまで、企業型をベースに、確定拠出年金のサービス提供業者について紹介しました。個人型も、基本的に登場するプレーヤーや役割・機能は共通ですが、いくつか特徴的な点があります。

(1) 国民年金基金連合会

まず、国民年金基金連合会という主体の存在です。国民年金基金は、自営業者などの第一号被保険者が任意で加入し、国民年金に上乗せすることができる制度です。国民年金基金は確定給付型年金で六〇歳までの加入が原則ですが、地域別・職業別で基金が設立されていることから、転居や転職で六〇歳前に基金を脱退する人が出ます。そこで、それらの基金加入者のための給付事業を引き継ぐのが国民年金基金連合会です。

これだけだと確定拠出年金と何の関係があるのかというところですが、二〇〇二年に個人型確定拠出年金が開始された時に、個人型の「**実施主体**」という役割、いわば企業型の事業主に相当する役割が、国民年金基金連合会に与えられました。

国民年金基金連合会の確定拠出年金事業は、個人型の規約を作成し、加入申込みを行う個人の加入資格の審査と拠出限度額の管理、加入者の掛け金の収納・管理を行うことなどです。

ただし、国民年金基金連合会は確定拠出年金業務のほとんどを外部委託しています。実際に個人が加入申込みをするのは、次に述べる受付金融機関ですし、掛け金拠出・積立金の管理や加入者の運用指図に基づく商品の売買や給付の実施、運営管理業務、レコードキーピング業務のいずれも、それぞれ事務委託先金融機関、運営管理機関、レコードキーパーに委託しています。国民年金基金連合会が必要とされたのは、二〇〇二年の制度開始時点で、個人型確定拠出年金の加入対象者が第一号被保険者と職場に企業年金のない民間従業員に限定されており、その資格審査を行う機能を有する主体がほかになかったからではないかと思われます。

二〇一六年の制度改正により、ほとんどすべての現役世代が個人型確定拠出年金の加入資格を得ることとなりました。二〇一六年一二月時点での三一万人の加入者数とは、文字どおりケタの違う人数が加入する潜在的可能性があります。理論上は六〇〇〇万人を超える現役世代が加入可能ですから、そのわずか一%でも一気に六〇万人です。現在の態勢がそのまま機能する保証はなく、加入申請の処理一つとっても、物理的なボトルネックを起こさないためには、さまざまな見直しが必要と考えられます。

その筆頭が、国民年金基金連合会に提出する書類の簡素化です。加入時や個人の就業状態の変更時の書類、勤務先に毎年求められる書類などが多重にあり、複雑で負担感が大きく、個人型確定拠出年金の普及の障壁になることが懸念されています。本書の執筆時点で手続の簡素化やオンライン化のための手当は進められており、おおいに期待したいところです。

(2) 受付金融機関

個人が確定拠出年金に加入する際、その窓口になるのが受付金融機関です。受付金融機関などというと堅苦しいですが、要は、銀行、証券会社、保険会社などの金融機関です。国民年金基金連合会自身が、全国津々浦々に店をかまえているわけではありませんから、金融機関などの販売網に頼る必要があります。受付金融機関を経由して加入に必要な書類が国民年金基金連合会に送られ、加入手続が行われます。そのうえで加入者は拠出額を決定し、運営管理機関が選定した運用商品の品揃えのなかから、自分の個人勘定資産の投資先を選択します。

運営管理機関と受付金融機関の関係が少しわかりづらいですが、通常、受付金融機関自身、あるいはそのグループ会社が運営管理業務を行っています。受付金融機関が社内の確定拠出年金の運営管理業務を専門に行っている部署に、顧客をつなぐ格好です。

ただし、個人型確定拠出年金の受付のみを行い、他社の運営管理機関と提携するやり方をとる金融機関もみられます。運営管理機関を営むには、相当程度の態勢整備が必要です。そこまでのビジネス・コミットメントはむずかしいものの個人型の提供は行いたいと考える金融機関にとって、このような提携は合理性をもつやり方です。

(3) 営業職員の役割

二〇一七年一月から個人型確定拠出年金の加入制約が撤廃されたのを契機に、金融機関のなかには、これまで消極的な位置づけだった個人型確定拠出年金ビジネスに対し、新たな戦略で臨むところが出始めています。個人型確定拠出年金は、少子高齢化の進む日本において、現役世代を対象とする数少ない新規開拓分野となる可能性もあります。

金融機関の店舗で実際に個人顧客とやりとりをするのは、営業職員です。個人型確定拠出年金を普及させるには、彼らを通じてこの制度の認知度を高め、加入者を増やすところから始めるのが順当といえます。ところが、現在、これを本格展開しづらい状況になっています。

背景にあるのは、「**兼務規制**」と呼ばれる規制です。確定拠出年金の運用商品に関する情報提供は、運営管理機関の業務です。ほとんどの運営管理機関は金融機関の一部署あるいはグループ会社ですから、別途、預貯金や投資信託といった運用商品の販売を手掛ける営業職員がいます。これらの営業職員が、確定拠出年金の運用商品について加入者に対し情報提供を行うと、この営業職員は確定拠出年金の運営管理業務と通常の商品販売業務を兼任しているかたちになります。兼務規制は、これを行ってはならないというものです。

兼務規制は、確定拠出年金の「加入者」への「運用商品の情報提供」に限られるので、技術的には、確定拠出年金の制度に関する情報提供や、加入する前の個人に対する運用商品の情報提供であれば、営業職員であっても可能といえます。他方、営業職員が確定拠出年金の運用商品の話だけできない、あるいは、加入したとたんにできなくなるというのは、個人顧客からみると理解しがたく、営業職員としても説明に苦慮するところです。法令違反の可能性を排除するべく、営業店における確定拠出年金に関する照会は、すべて運営管理業務を行う専門部署に転送すると定めている金融機関もあります。

消極的な販売取組みであれば、これでもよいかもしれません。しかし、個人型確定拠出年金の対象が現役世代全体に拡大するなかで、確定拠出年金の網羅的な情報提供を運営管理機関のみに限定するのは無理があるでしょう。個人の資産形成を支援するのは、営業職員の本業であり、確定拠出年金の活用もそのなかに含まれます。兼務規制は緩和される方向ですが、営業職員が本来の役割を果たせるよう、一日も早い実現が求められます。

3 手数料という論点

確定拠出年金のサービス提供をめぐって、外せないのが手数料という論点です。企業や加入者からみれば、手数料は低いほうがよいに決まっていると思われるでしょう。年金制度ということで公共性が高いのも事実です。しかし、確定拠出年金の運営等のサービスを提供するのは民間の営利組織です。それらの主体が中長期的な収益性を見込めるようになることは、確定拠出年金の持続可能性を確保するためにも重要です。

確定拠出年金の手数料は、①**運営管理関係の手数料**、②**資産運用関係の手数料**、の二つに大別されます。一般に前者は加入者数、後者は資産残高に連動します。より多くの加入者、より多額の資産を獲得することが確定拠出年金ビジネスのポイントとなります。

(1) 運営管理関係の手数料

運営管理関係の手数料は、運営管理機関、レコードキーパー、資産管理機関に対し支払われます。職場の福利厚生制度である企業型確定拠出年金では、企業が負担することが一般的です。サービス提供業者にとっては、たとえば従業員数一〇〇〇人の企業であれば一気に一〇〇〇人の加入者を獲得できる点が、企業型ビジネスの魅力です。

企業型確定拠出年金の運営管理手数料は、企業と運営管理機関の相対交渉で決まります。「団体割引」は金融に限らずありますが、企業型確定拠出年金の運営管理関係の手数料でも、しばしば加入者一人当りの手数料割引競争が行われます。競争原理が働いているとみることもできますが、過当競争に陥ると、個社の事業のみならず、業界全体の持続可能性に悪影響を及ぼす可能性がある点は要注意です。

個人型確定拠出年金の運営管理関係の手数料は、国民年金基金連合会、運営管理機関、レコードキーパー、事務委託先金融機関に対し支払われます。これは個人が負担します。企業型と異なり、制度の実施主体である国民年金基金連合会も、手数料を徴収しています。国民年金基金連合会が、個人型の加入資格の確認と拠出限度額の管理、加入者の掛け金の収納・管理を行うのに必要な事務費用と説明されています。手数料のイメージを示すと、加入時の一回きりの手数料が二七七七円（国民年金基金連合会が徴収）で、それ以降は、国民年金基金連合会が毎月一〇三円（年間一二三六円）、事務委託先金融機関が毎月六四円（年間七六八円）、運営管理機関が毎月百数十円～四〇〇円台（年間二〇〇〇～五〇〇〇円）といった具合です。

(2) 資産運用関係の手数料

資産運用関係の手数料は、個人が選択した運用商品ごとに設定されています。

預貯金と保険の場合、手数料という名称は使われませんが、銀行や保険会社が無償サービスを提供しているわけではなく、利息や保険給付金が銀行・保険会社の収益を差し引いたうえで支払われています。この点を加入者に公正に伝えるのは運営管理機関の役目です。

投資信託の場合、手数料はあらかじめ加入者に明示されます。通常投資信託の手数料は販売時に販売会社に対し支払われる販売手数料と、資産残高から差し引かれる信託報酬からなりますが、確定拠出年金では販売手数料が徴収されないのが一般的です。信託報酬は、運用会社、販売会社、信託銀行が受け取る手数料からなり、年率何パーセントのかたちで示されます。投資信託の種類により手数料水準は異なりますが、イメージを示すと、確定拠出年金向けの場合、国内債券投信が〇・一%台、国内株式投信が〇・二%台、といった具合です。

一般に、同じ運用会社の、同一カテゴリーの商品どうしで比較すると、確定拠出年金向けのほうが低く設定されています。前述のとおり、確定拠出年金、とりわけ企業型確定拠出年金はサービス提供業者からみると、団体向けサービスの性格をもちます。ただし、加入者に選択してもらわないと資金流入はありませんから、運用商品の品揃えに含まれているだけでは投資信託提供者の収益につながりません。

確定拠出年金向け投資信託の手数料が割安なのは、ひとたび加入者に選択されれば、長期投資に直結すると思われることも大きいです。ほとんどの確定拠出年金の加入者は、運用商品の変更や乗換え頻度が低いことが経験則的にわかっています。資産が積み上がっていくにつれて手数料収入は増加しますから、金融機関は料率を低く抑えても長期的な収益性を十分に見込めるというわけです。

4 新たなサービス提供への期待

(1) 具体的な投資の相談

確定拠出年金の投資教育では、前述のとおり、運用商品の仕組みと特徴についての説明が行われます。ただ、ここで提供されるのは客観的な情報に限られます。法令上、運営管理機関は、加入者が特定の運用商品に投資すること、あるいは投資しないことを勧めてはならないとされているからです。これは、運用商品を客観的・中立的に選定・提示するという立場上、自然な制約といってもよいでしょう。

しかし、現実の投資教育では、自分は具体的にどの商品に投資すればよいのか、加入者から相談されることも珍しくありません。日本の家計金融資産に占める投資信託の割合は五％程度にとどまり、広く普及しているとは言いがたい状況です。確定拠出年金に加入してはじめて投資信託を知り、投資を検討する人が大多数といえます。そう考えると、投資対象について具体的にアドバイスしてほしいというのは、もっともなリクエストであるのも事実です。

加入者からの具体的な相談にどう対応するかは、確定拠出年金のサービス提供業者にとって、次のサービス開発のポイントになりえます。運営管理機関は既述のとおり、特定の運用商品を勧めるといったことはできませんが、それ以外の主体、たとえば運営管理業務を行っていない部署の職員が投資対象のアドバイスを提供することについては、法令上、明示的に不可とされているわけではありません。個人向けの投資サービスには、金融商品取引法という法令が別途存在します。その規制下にある金融サービス業者が、運営管理機関としての立場とは一線を画すかたちで確定拠出年金法の趣旨にのっとり、必要とされるサービスを提供することは十分に考えられます。

(2) 投資一任運用と確定拠出年金

このような相談のニーズを発展させると、加入者があらかじめ合意ずみの投資計画に沿って投資の専門家に運用を一任する「**投資一任**」に行きつきます。確定拠出年金は加入者本人が運用商品を選択することを制度の基盤としていますが、投資一任サービスを加入者が選択するのであれば、それは本人が運用の意思決定を下しているとみなすことも可能ではないでしょうか。

一般の個人向け投資サービスでは、投資信託を用いた投資一任サービスである「ファンドラップ」が着実に普及しています。ファンドラップでは、金融機関が個人の投資目的やリスク許容度をヒアリングし、投資信託を組み合わせて投資計画を策定します。運用は投資計画に基づいて投資の専門家が実施し、投資家は定期報告とレビューを受けて適宜計画の見直しを行いつつ、投資目的の達成を目指します。投資信託はそれ自体が、個人の少額資金による分散投資を実現するという特性をもちますが、それらを組み合わせることでさらなる分散投資を実現し、また、投資家の投資目的をふまえた運用サービスという付加価値も提供します。

こうした個人向けの投資サービスと確定拠出年金は、実は重なるところが大きいともいえます。確定拠出年金は、老後のための資産形成という目的に向け、個人があらかじめ用意された投資信託、預貯金、保険商品を用いて運用を決定する制度であり、この意思決定を中長期の投資計画というかたちで専門家が支援することは十分合理的です。

ただ、実際問題として、ファンドラップのようなサービスには一定の資産残高が求められます。投資計画の策定・実行には手数料がかかり、少額の資産では手数料に見合う恩恵を得られるか不透明だからです。しかし、確定拠出年金の加入期間が長い加入者、個人勘定資産残高がそれなりに大きい加入者は今後、確実に増加します。それらの加入者の間で、投資一任サービスのニーズが高まる可能性はあるのではないでしょうか。

実は、日本が確定拠出年金の導入時に参照し、確定拠出年金先進国ともいえるアメリカでは、確定拠出年金サービスの一環として、オンラインで個別具体的な投資のアドバイスや、投資一任サービスを提供する業者が活躍しています。日本の場合、加入者への投資アドバイスの提供が完全に禁止されているわけではないと思われるものの、法令上の取扱いが明確でないこともあり、提供しづらいのが実情です。日本の確定拠出年金に同様なサービスを導入するには法令改正等の手当も含めて何が必要か、検討する価値があると思われます。

(3) ターゲット・デート・ファンドへの注目

年金目的の投資一任サービスをあえて標準化するなら、それは①個人の選好に基づく幅広い分散投資の提供、②想定資産配分の維持、③加齢に応じた資産配分の調整、に集約できると思います。投資一任サービスをいますぐ確定拠出年金に持ち込むことはできないかもしれませんが、少なくとも②と③は一定の範囲内で投資信託により実践することが可能ですし、そのような投資信託はすでに存在します。「**ターゲット・デート・ファンド**」あるいは「**ターゲット・イヤー・ファンド**」と呼ばれるバランス型投信の一種です。

ターゲット・デート・ファンドは、ライフサイクル運用、すなわち、引退まで長い年月のある若年期には運用

図表２－５　ターゲット・デート・ファンドの資産配分変化
（イメージ図）

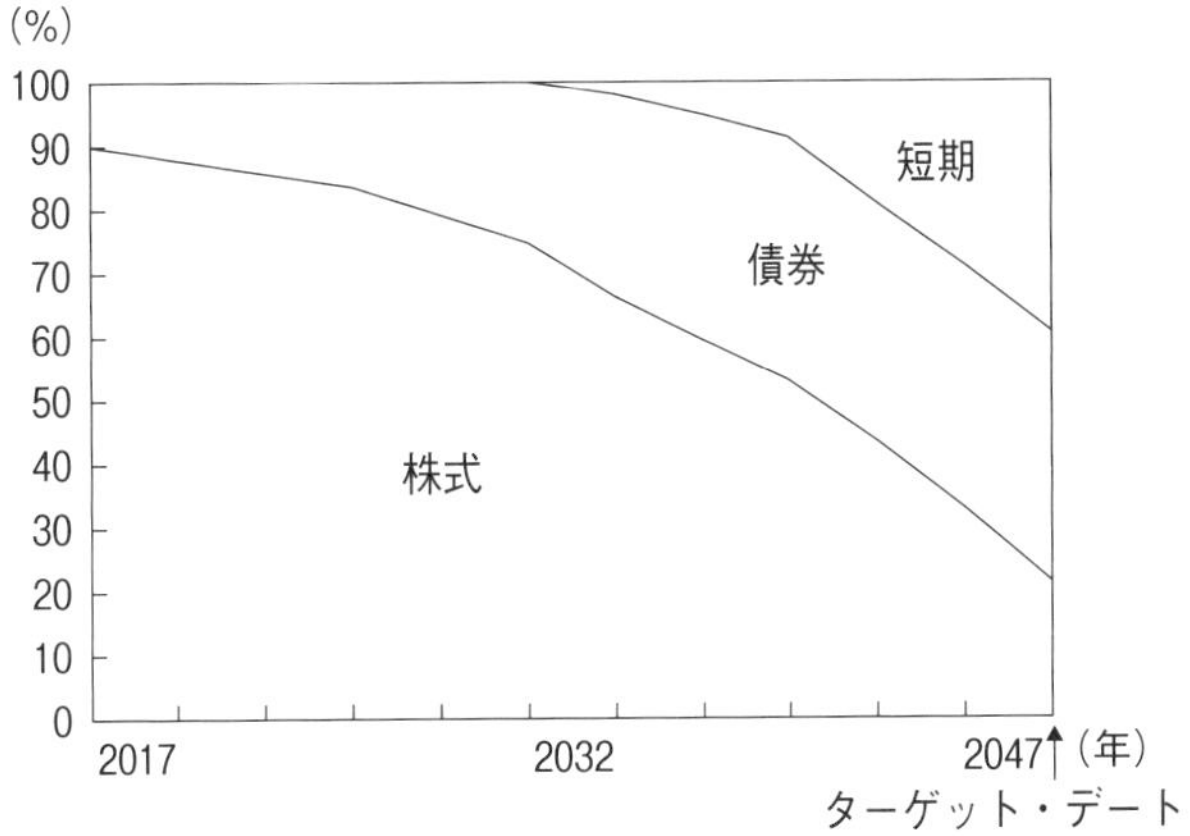

（出所）　野村資本市場研究所

リスクをとりやすく、引退間近になるにつれてリスクを減らすべきだという考え方に基づきます。図表２－５のように、ファンドの運用開始当初は株式比率を高く設定し、「目標年」に向けて次第に株式比率を減らしてファンドのリスクを低下させていきます。ファンド名に目標年、たとえば二〇三〇、二〇四〇などを付しているのが一般的で、複数の目標年をもつファンド群が一つのパッケージで提供されます。

だれでも自分が何年に六〇歳になるかはわかります。確定拠出年金の加入者がその年に最も近いターゲット・デート・ファンドを選択し掛け金拠出を行うと、極端なことをいえばその後は見守っているだけでも、必要な運用上の作業を投資信託の運用担当者が実践してくれます。個人のリスク許容度は一切反映されませんし、自分で投資信託を選択するよりうまくいく保証もありません。しかし、何十年にもわたり自分で自分のポートフォリオを維持管理するにはそれなりの自己規律が求められます。それほどの時間と労力を割けない、割きたくないと考える加入者がターゲット・デート・ファンドを利用するのは、一定の合理性があります。

ターゲット・デート・ファンドは、確定拠出年金のように制度上の「目標年」がある運用との親和性が高いといえます。実は、アメリカを含む確定拠出年金が普及している諸国では、ターゲット・デート・ファンドは幅広い支持を得ています。その背景にあるのは、投資教育などで知識装備をした加入者であっても、資産配分調整などの作業を何十年にもわたり続けていくのは容易ではなく、運用の専門家に任せるほうがよいという考え方です。

このような割り切った考え方は、これまで日本の確定拠出年金の企業（事業主）やサービス提供業者の間で広く受け入れられてきたとは言いがたく、それもあってか、ターゲット・デート・ファンドは日本にも存在するものの、確定拠出年金で活用されてきたとはいえません。しかし、第3章、第4章で述べるような時代の要請と確定拠出年金制度改正により、今後、これは変わってくる可能性があります。

第3章

加入者からみた確定拠出年金

1 ふまえておくべき公的年金の実情

(1) 現在の公的年金

個人が自分の老後の所得確保を考える際に、まず理解しておく必要があるのが、公的年金の実情です。少子高齢化の進む日本では、世代間の支え合いである公的年金の役割は縮小せざるをえません。いまや、個人にとって確定拠出年金の活用は必須です。しかし、年金は遠い将来のことでもあり、先延ばしにしたくなるのが人情です。しばしば、「そうはいっても公的年金で何とかなるのではないか」という考えに陥ったりもします。これを抑えて確定拠出年金の活用に向けた行動を起こしたり、モチベーションを維持したりするには、公的年金の実情を知るのが第一歩です。

第1章で述べたとおり、日本の公的年金の加入者は、第一号被保険者（自営業者等）、第二号被保険者（民間従業員、公務員等）、第三号被保険者（専業主婦等）の三つに分類されます。現役の間に離転職などにより分類が変わることも十分ありえます。第一号被保険者と第三号被保険者が国民年金に、第二号被保険者が国民年金と厚生年金に加入します。

国民年金は保険料、給付ともに**定額**です。二〇一六年度の保険料は月額一万六二六〇円で二〇一七年度に一万六四九〇円に引き上げられ、以後固定されます。二〇一六年度の給付は、四〇年間加入の満額で年間七八万一〇〇〇円です。

厚生年金は、保険料、給付ともに現役時代の報酬に連動して決まります。二〇一六年九月分から二〇一七年八月分の保険料率は一八・一八二％で、二〇一七年九月分（一〇月納付）から一八・三％に引き上げられ、以後固定されます。給付額は、国民年金と同じ定額部分と「**報酬比例部分**」からなり、報酬比例部分は「現役時代の平均給与・賞与×一定の乗数×加入期間」で算出されます。イメージとして、厚生労働省が示す「モデル世帯」の受取額を紹介すると、二〇一四年度は夫が平均的な収入で四〇年間就業し、妻が専業主婦の家計で、月額二一万一五〇七円でした。

(2) 公的年金で予定されている実質目減り

以上が現在の公的年金の状況ですが、これが今後、どのように変化していくかが重要です。

日本の公的年金は、二〇〇四年に本格的な制度改正が行われました。背景にあるのは、少子高齢化の進行です。第1章の図表1－2のとおり、日本は他の先進諸国を上回るスピードで高齢化しています。放っておけば、世代間の支え合いである公的年金の資金繰りが厳しくなるのは明らかであり、二〇〇四年の公的年金改革では年金給付を「実質的に目減りさせる」という制度の導入が決定されました。「**マクロ経済スライド**」と呼ばれます。少し複雑ですが、全国民に関係することですし、なぜ確定拠出年金を活用して老後に備える必要があるのかを再確認するためにも、理解していただきたいと思います。

公的年金給付は、前述のとおり加入期間や現役時代の給与（厚生年金の場合）に応じて決まります。また、いったん決まった金額のままだと、物価が上昇するにつれて購入できる物品の量が減りますので、給付の開始時は賃金上昇率に基づき給付額が調整され、それ以降は物価上昇率に基づき給付額の引上げが行われます。たとえば

図表3－1　マクロ経済スライドのイメージ

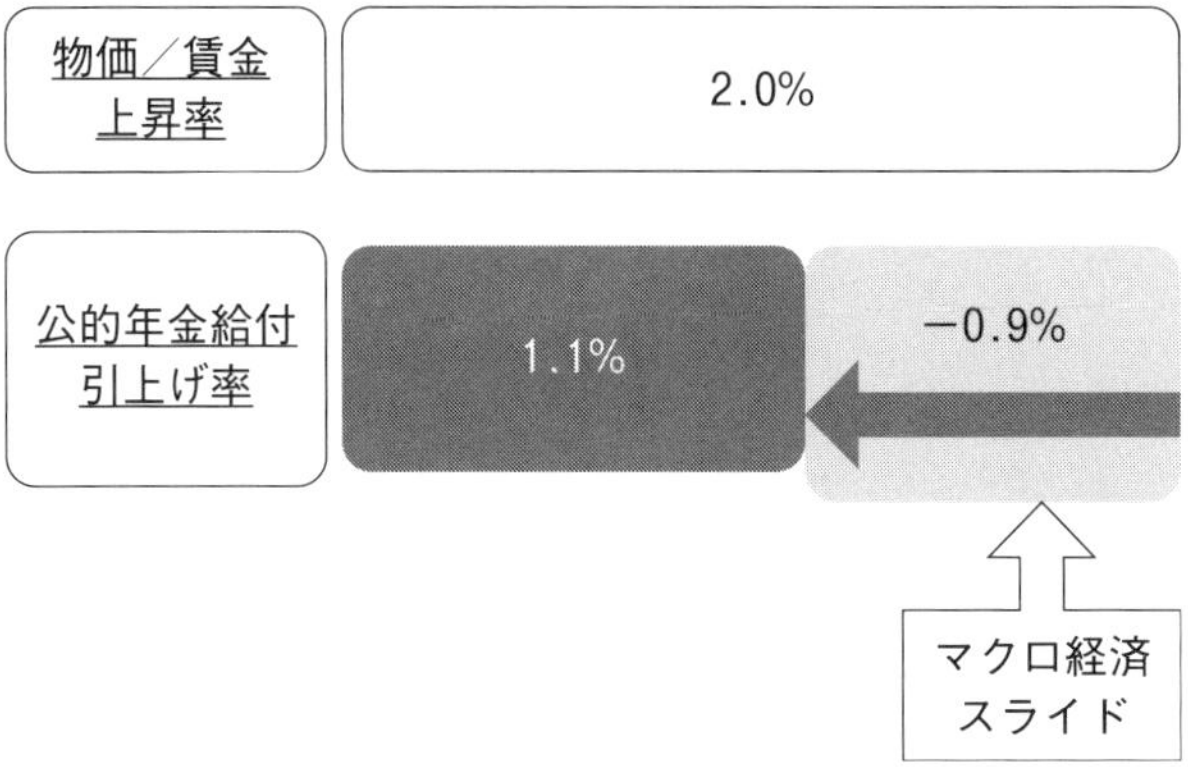

（出所）　野村資本市場研究所

二％のインフレが起きた場合、公的年金給付も二％引き上げられるという具合です。

これが原則なのですが、マクロ経済スライドが適用されると、賃金や物価の上昇率から「スライド調整率」を差し引いた分しか引き上げられません。スライド調整率は、人口動態、具体的には現役世代の減少率と退職世代の増加率から算出されます。たとえば二％の物価あるいは賃金上昇率で、スライド調整率が〇・九％だとすると、公的年金給付の引上げを一・一％にとどめるということです（図表3－1）。物価が上がっても公的年金給付はそれに見合うだけ増えません。すなわち、給付を実質的に目減りさせることが、二〇〇四年の公的年金改革により決定されています。これを二〇四〇年代まで自動継続することで、公的年金財政の持続を目指しています。

公的年金制度を将来にわたり持続させることはきわめて重要です。そのためにマクロ経済スライドが考案されました。一見、わかりづらい内容ですが、要は年金受給世代にも負担を求めるということです。現在、公的年金給付は高齢世帯（世帯主が無職の六五歳以上世帯）の収入の八割以上を占めています。二〇一四年の

図表３－２　現在の高齢者の引退後の収支

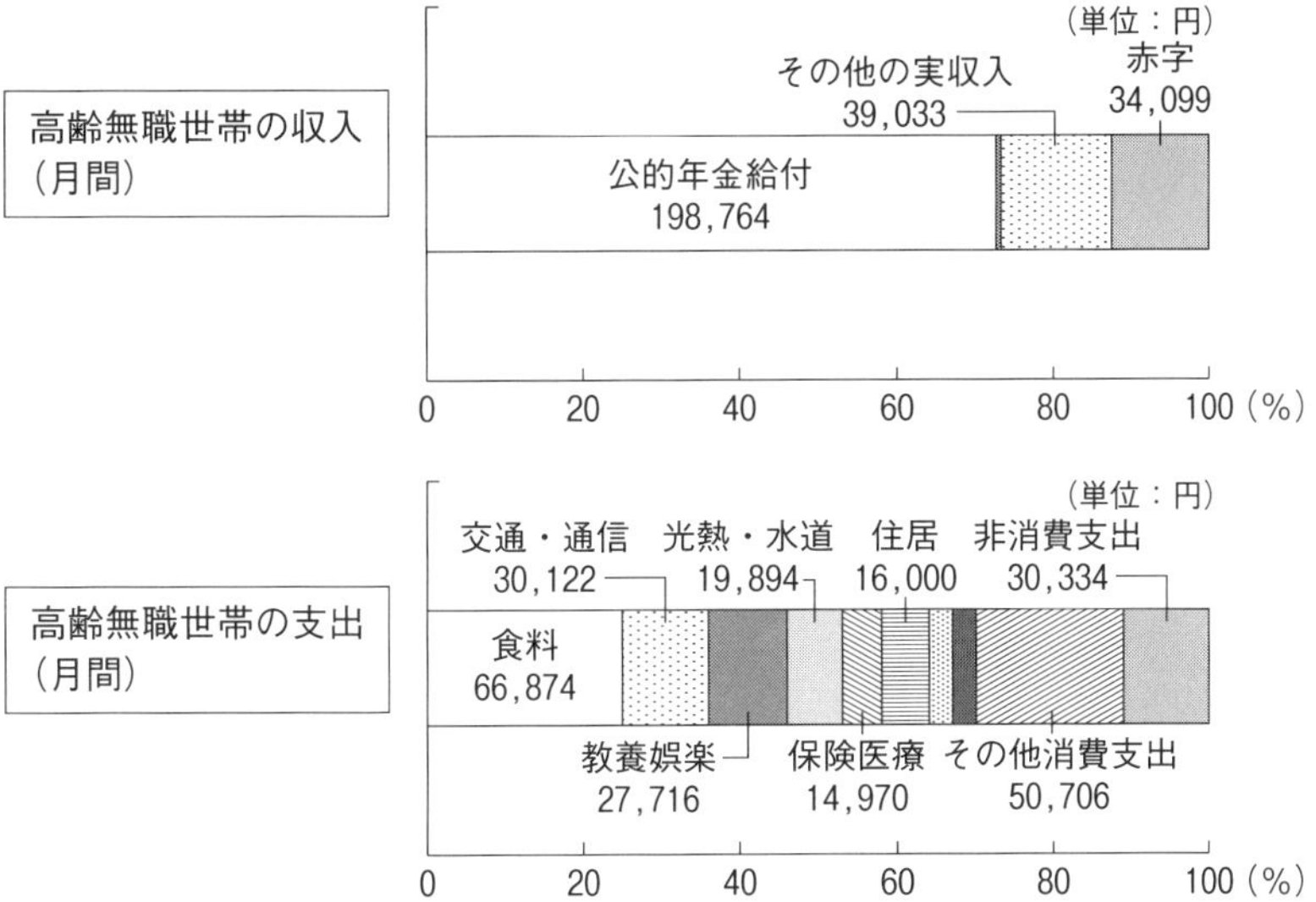

（出所）「平成26年全国消費実態調査：二人以上の世帯の家計収支及び貯蓄・負債に関する結果　結果の概要」2015年12月16日より野村資本市場研究所作成

「全国消費実態調査」によると、高齢無職世帯の一カ月間の収入二四万円のうち約二〇万円が公的年金、四万円がその他の収入でした。これに資産の取崩し等の三・四万円を足して、二七・四万円で一カ月の支出がまかなわれていました（図表3－2）。マクロ経済スライドの存在を念頭に置くと、将来的に同じ公的年金収入は期待できないという前提のもとで支出を切りつめるか、その他の収入源や資産を増やしていく必要があるわけです。

本書はもっぱら年金に関連する話題を扱いますが、医療や介護についても高齢化が進むにつれて給付費が増え、財政が厳しくなる方向です。現役世代が、現在の高齢者と同じ給付内容を期待しづらい点は、公的年金と同様です。自助努力の備えが必要な理由はいくらでもあるということです。

(3) さらなる公的年金の見直しの可能性

公的年金給付は、マクロ経済スライドが実施されれば、それ以上の縮小はないと思っていてよいのでしょうか。

実は、マクロ経済スライドは、そもそも計画どおり実施できていません。二〇〇四年に導入が決定されましたが、その後の景気低迷やデフレなどから、二〇一五年度にようやく発動されました。ところが二〇一六年度には再び環境が整わず、給付は前年度と同額に据え置かれるだけで、スライド調整に見合う引下げは行われませんでした。

また、公的年金は五年に一回、長期にわたる公的年金保険料と給付の予測を行い、制度全体が想定の範囲内で回っているかどうかを確認します（公的年金財政検証）。健康診断のようなものです。直近の公的年金財政検証は二〇一四年に行われました。その際は、経済成長や人口動態に関する前提条件が異なる八つのシナリオが作成され、中長期的に、女性や高齢者の労働市場への参加が進んで一定の経済成長を維持できれば現在の制度を持続できるものの、そうでなければ持続できないことが示されました。

公的年金の将来について過度に悲観的になる必要はないと思います。ただ、この制度も結局のところは経済成長や人口動態に依存しており、それらの状況いかんでは、運営がうまくいかなくなることもありうるということは、念頭に置くべきでしょう。さらなる給付抑制の可能性は否定できないということです。支給開始年齢が六五歳から引き上げられるかもしれません。大事なのは、そのような可能性をふまえて、早い段階から老後のための資産形成を始めることであり、確定拠出年金はそのための重要なツールです。

2 企業型確定拠出年金

少し前置きが長くなりましたが、確定拠出年金の活用が必須となる実情について、理解していただけたかと思います。以下で、個人からみた確定拠出年金の、加入から給付までの流れを紹介します。まず、企業型確定拠出年金です。

(1) 企業型確定拠出年金への加入

企業型確定拠出年金は、企業が従業員に対し提供する福利厚生制度です。通常、従業員が加入資格を有すれば自動的に加入します。加入資格は、従業員の職種、年齢、勤続期間などに基づきあらかじめ確定拠出年金規約に定められます。基本的に、加入する・しないについて従業員個人の意思を反映する機会はありません。ただし、企業によっては、確定拠出年金への加入が選択制となっています。企業の拠出を確定拠出年金の個人勘定に入れるか、給与への上乗せで受け取るかを従業員が選択できるという制度設計です。この場合は、本人が加入するかどうかを決める必要があります。前者を選べば税制優遇を受けられますが、六〇歳まで引き出せません。後者は通常の所得です。

選択制は、給与や賞与を減額するかわりに確定拠出年金を導入した企業などで採用されることがあるようです。もっとも、給与・賞与の減額か上乗せかを意識するのは、確定拠出年金を企業が導入した時に在籍した従業員だけで、それ以降に入社した従業員にとっては、単なる報酬の選択肢でしかありません。六〇歳まで引き出せない以上、無理のない範囲で加入・拠出を決める必要がありますが、所得控除と運用時非課税という税制措置のメリットは多大です。加入しない明確な理由もないまま、ズルズルと加入の意思決定を先延ばしすることだけは避けるべきでしょう。

(2) 拠出の選択

企業型確定拠出年金の場合、各加入者に対する企業拠出の金額は、法令上の拠出限度額の範囲内で、確定拠出年金規約であらかじめ決められた方式により計算されます。給与の一定比率というかたちで決める企業が多いようです。拠出の方式について個々の加入者の意思が反映されることはありません。

ただし、企業によっては、加入者自身が給与の一部を自分の個人勘定に追加で拠出する「**マッチング拠出**」が可能です。これを利用するかどうかは、加入者自身が決定します。マッチング拠出も所得控除の対象ですので、拠出により所得税額を減らすことができます。そのかわりに六〇歳まで引き出すことができません。選択制の加入と同様に個々人を取り巻く状況はさまざまですが、可能な限り、貴重な税制優遇の機会を活用すべきでしょう。

マッチング拠出を行うことにした場合、拠出額も加入者が決めることができます。ただし、税制上、二つの制約がかかります。一つは、企業拠出との合計で**法令上の拠出限度額**を超えられないことです。法令上の拠出限度額は、職場の年金制度の有無に応じて異なります（図表3－3）。たとえば、法令上の拠出限度額が年間六六万円（月額五・五万円）で、企業拠出が年間四八万円（月額四万円）の場合、マッチング拠出は年間一八万円（月額一・五万円）までとなります。もう一つは、**企業拠出額を超えられない**ことです。たとえば、企業拠出が年間一二万

図表３－３　個人からみた確定拠出年金の拠出可能上限額

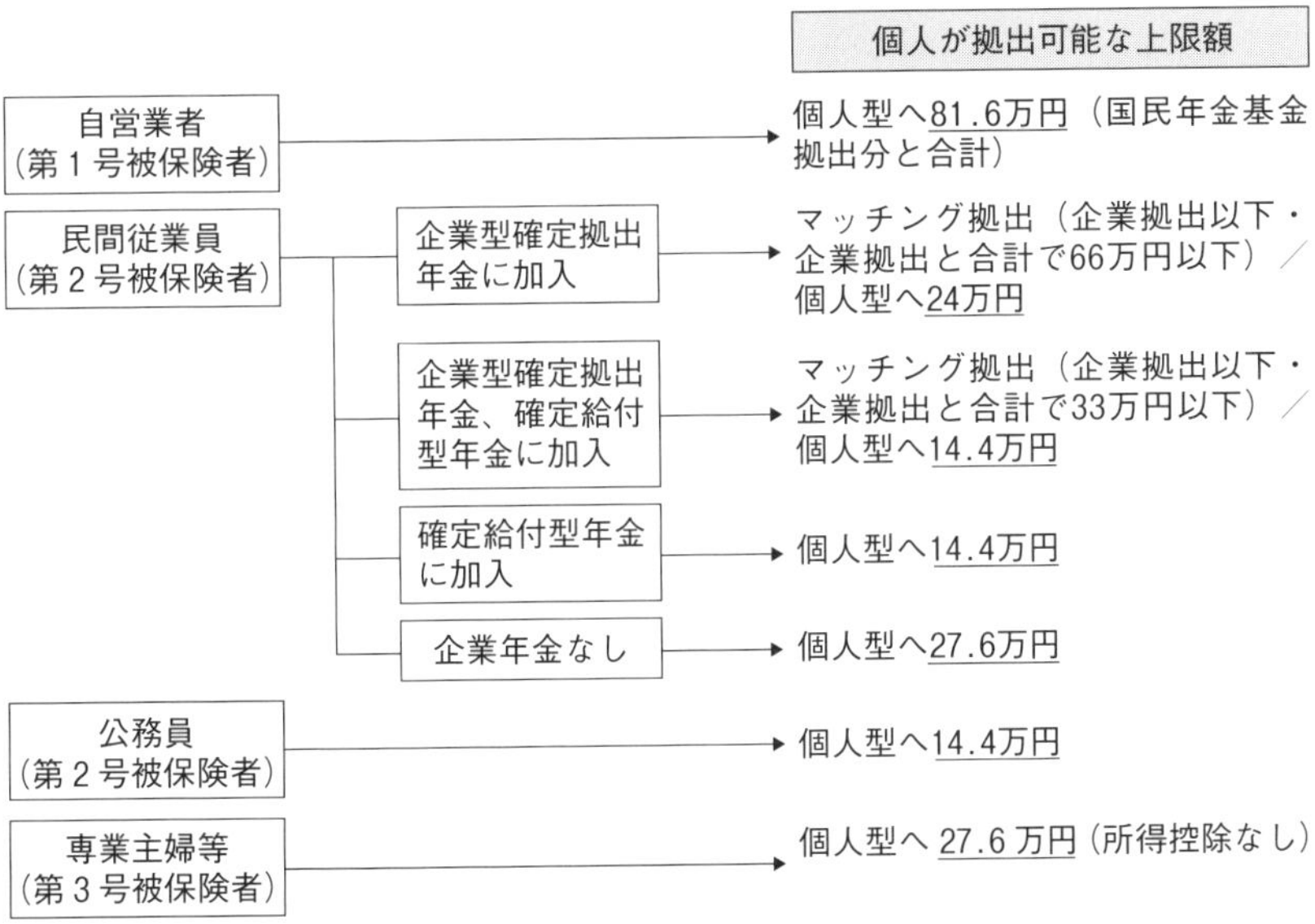

（出所）　野村資本市場研究所

円（月額一万円）の場合、法令上の拠出限度額が年間六六万円（月額五・五万円）であっても、加入者は年間一二万円（月額一万円）までしか拠出できません。

(3) 個人型確定拠出年金（iDeCo）への加入

マッチング拠出を企業型確定拠出年金の制度設計に含めるかどうかは、企業の任意です。したがって、すべての企業型確定拠出年金で提供されているわけではありません。

そのような場合でも、二〇一七年一月から、**企業型確定拠出年金の規約が改正されれば、加入者が個人型確定拠出年金（iDeCo）にも加入できるようになりました。**その拠出限度額は、やはり職場の年金制度の有無で差がつけられています（図表3－3）。企業型確定拠出年金のみの場合は年間二四万円、確定給付型年金と併用の場合は年間一四・四万円です。

マッチング拠出を行うかどうか、個人型確定拠出年金に加入するかどうか、そして法令上の上限の範囲内でいくら拠出するかは、すべて加入者自身が決めることができます。ここでどのような行動を起こすかが、長期的には大きな差を生みます。確定拠出年金が自助努力の年金と呼ばれるゆえんです。

(4) 運用商品の選択

加入者が次に行うのは、自分の個人勘定資産を何で運用するかを決めることです。この運用商品選択の内容次第で、将来の給付額が変わります。加入者には投資教育が提供され、あらかじめ用意された運用商品の品揃えのなかから投資対象を選択します。しばしばこの「自分で運用商品を選択すること」が、加入者にとってむずかしい部分だといわれます。たしかに、投資は多くの個人にとってなじみの薄いことかもしれません。

一般に、金融資産の投資に関する相談相手としては、金融機関の専門家などが考えられます。本書は個人向けに投資のノウハウを提供するものではありませんが、確定拠出年金という制度の特徴ゆえに、加入者が念頭に置くべき事項をいくつか指摘したいと思います。

a 運用の目的と「ライフ・プランニング」

多くの人々にとって公的年金だけでは十分な老後の備えとならない可能性があることは、この章の冒頭で述べたとおりです。では、どのくらいの資産を引退までに貯めておけばよいのでしょうか。また、そのなかで確定拠出年金はどの程度を占めることになるのでしょうか。

この答えを導き出す作業は、しばしば、**「ライフ・プランニング」**などと呼ばれます。ライフ・プランニングは、結婚、子どもの誕生、住宅取得、引退といった人生のさまざまなイベントを想定し、それらに伴う支出を試算して、資産形成の計画を立てるプロセスです。退職は人生の重要イベントの一つであり、老後への備えはライフ・プランニングの主要項目です。

企業によっては確定拠出年金の投資教育の一環として、これらの判断をサポートするためのシミュレーション・ツールが提供されています。若いうちは、引退後の生活費や公的年金給付を含む収入についての現実味がないので、確からしい結果を得るのはむずかしいかもしれませんが、なんらかのイメージをもつのは有益です。

重要なのは、加入者が運用収益を得る必要性についてどう理解するかです。もし自分のライフ・プランニング上、運用収益を得る必要性がまったくないと確信するなら、金利がゼロ近辺であっても元本保証のある預貯金で十分ということになります。逆に、それでは老後の備えが不十分になると少しでも思うのであれば、多少の値動きを承知のうえで、投資信託への投資を行うのが合理的でしょう。

b　想定利回りの有無

運用のあり方を考える際に、加入者が必ず確認すべきなのが、自社の確定拠出年金に「**想定利回り**」があるかどうかです。一三〇〇を超える企業や年金基金が加盟する、企業年金連合会の二〇一五年度調査によると、調査対象企業（規約）の六五％が想定利回りを設定していましたので、自分の加入する確定拠出年金で想定利回りが設定されている加入者も多いはずです。

想定利回りとは、企業が確定拠出年金を導入する際に、「加入者が長期的に達成可能と想定される平均利回り」として設定されます。そして、加入者はこの利回りを達成できれば、確定拠出年金導入前に提供されてきた退職給付制度と比較して、同様な給付を受け取ることができます。

もともと提供されてきた退職給付制度とは、退職一時金や確定給付型の企業年金です。これらに上乗せするかたちで確定拠出年金を導入するのであれば、想定利回りのような仕掛けは不要です。ところが実際には、多くの企業が既存の退職給付制度の一部を廃止あるいは縮小し、その代替措置として確定拠出年金を導入してきました。その際、従業員に対し、給付削減が目的ではないことを示すべく、「従前の制度と同様な給付を得られるだけの金額を、確定拠出年金に拠出する」というかたちをとりました。この拠出の算出に使われるのが想定利回りです。先ほど言及した企業年金連合会の調査では、想定利回りの水準を一・七五%から二・〇〇%の間に設定する企業が最多でした。

繰り返しになりますが、想定利回りは、確定拠出年金において、加入者が従前の退職給付制度と同様な給付水準を確保するために達成しなければならない、運用利回りのターゲットです。このようなターゲットが存在するなら、加入者は自分の確定拠出年金の運用に利用してみる手もあります。すなわち、たとえば想定利回りが二%なら、長期的に平均二%を達成できそうな運用商品を品揃えのなかから探すといったことです。加入者が過去の退職給付制度と確定拠出年金との比較に関心がないのであれば、想定利回り未満の運用でもかまいません。しかし、そのような明確な割切りがないのであれば、想定利回りを意識して運用するのは、一定の合理性をもつのではないでしょうか。

確定拠出年金導入後に入社し加入した人たちにとって、導入前の退職給付制度との比較は意味がありません。したがって、想定利回りを意識する必要もありません。他方、想定利回りには、企業の、自社の従業員の運用能力についての見解が表れているともいえます。確定拠出年金導入前後で従業員の属性が大きく変わったのでなければ、一つの参考数値にすることはありうると思います。

c　分散投資の理解

確定拠出年金の投資教育の大枠は、第2章で紹介したとおりです（図表2－3）。含まれているのは、いずれも重要な内容なのですが、多くの人々にとってなじみのない事柄も多いと思われます。そこで、あえて単純化すると、加入者が運用商品を選択するにあたり、必ずふまえておくべきなのが、「**長期分散投資**」という概念です。

長期投資とは、確定拠出年金では六〇歳まで引き出せない、すなわち投資期間が長いので、長い目でみた運用を行うということです。具体的には、日々の値動きはもとより、数週間、数カ月といった単位での運用実績を、過度に気にする必要がないということです。

分散投資には「**時間分散**」と「**資産分散**」があります。時間分散は、定期的に定額の掛け金拠出を行うという意味で、確定拠出年金の制度に内包されています。もし運用商品の未来の価格がわかるなら、安い時に買って高い時に売るのがよいに決まっています。しかし、未来を予見できない私たちが、価格変動のある投資信託のような運用商品に投資するときには、時間分散は最も賢い手法の一つです。時間分散は「**ドルコスト平均法**」とも呼ばれますが、同じ金額を定期的に投資し続けることにより、運用商品の価格が高い時には少量、価格が低い時には多量に購入し、平均単価を抑制するというアプローチです。

もう一つは、資産分散です。値動きのパターンの異なる複数の資産に投資することにより、保有資産全体のリスクを抑制しつつ、リターンを追求する投資手法です。リターンとは運用収益のことです。リスクはリターンの変動、ばらつきを示す用語です。そして、高いリターンを追求するなら高いリスクをとる必要があるという大原則があります。各資産の価格の上がるタイミング、下がるタイミングが予見できれば、低い時に買って高い時に売ればよいのですが、それは不可能です。そこで一つの資産が上がる時にもう一つの資産が下がるという風に組み合わせると、上がった資産からの収益が減殺されるのは事実ですが、単独資産の急な上下変動に付き合うことなく、緩やかな上昇を期待できるというわけです。

分散投資には留意点や限界もあります。一つは、短期的にすべての資産が一斉に下落するようなときは機能しない点です。たとえば、リーマン・ショックの際は、グローバルに分散投資していても保有資産の下落は避けがたい状況でした。また、長期的に、保有資産が上昇傾向をもっているのが前提となっていることです。グローバルに幅広く分散投資をしたポートフォリオは、突き詰めれば世界経済の成長に連動します。分散投資では、世界経済が長期的にプラスの成長を遂げることを前提にしているということです。

d　運用の目的をふまえた運用商品の選択

確定拠出年金の加入者は、投資信託に投資することで分散投資を実践できます。第1、2章でも触れましたが、確定拠出年金では、しばしば、国内株式、外国株式、国内債券、外国債券といった投資対象のタイプごとに投資信託が選定されています（図表1－4）。また、複数のタイプの資産に投資するバランス型投資信託もよくみられる選択肢です。投資信託は多様性に富みます。それが長所なのです。仮に種類が多くて選択がむずかしいと感じることがあっても、投資信託を利用するそもそもの目的を忘れなければよいのです。

投資信託を利用するのは、運用の目的を達成するために運用収益が必要だからです。収益を得るために分散投資を行うのであり、投資信託はそのツールです。投資信託の価格は基準価額と呼ばれて日次で計算されますし、確定拠出年金加入者向けのニューズレターやウェブサイトで、一定期間に基準価額がどのくらい増減したかが示されています。加入している企業型確定拠出年金に想定利回りがあるなら、投資信託の基準価額の長期的な動きと想定利回りとを対比させてみるのも一つの手です。

また、前述のとおり、高いリターンは高いリスクを伴います。仮に同様のリターンの投資信託が二つあるなら、リスクの小さい投資信託のほうが優れているといえます。リスクに関する情報はリターンに比べるとわかりづらいのですが、投資信託の基準価額の変動の大きさをみればイメージがつかめます。

しばしば、基準価額の下落がもたらす心理的な側面も考えたほうがよいといわれます。過去のデータからみて、たとえ一時的であっても自分にとって受け入れがたいほどの下落の可能性があるなら、そのような投資は考え直したほうがよいかもしれません。このような心理的要因も含めた投資の「診断ツール」も、加入者向けの投資教育サービスの一環として提供されている場合があります。

e　投資のコスト

さて、運用商品の選択では、手数料を確認することも重要です。

投資信託では、手数料が年間で資産の何パーセントというかたちで、明示されています。一般に、運用により高度な専門性が求められる投資信託ほど、手数料は高くなる傾向があります。たとえば、国内株式投信と外国株式投信を比較すると、後者のほうが手数料が高いことが多いです。また、運用のスタイルには、市場平均並みのリターンを目指す「パッシブ運用」と、平均以上のリターンを目指す「アクティブ運用」とがありますが、アクティブ運用のほうが手数料が高いのが一般的です。

手数料は単純に低ければよいというものではありません。主な投資対象資産のタイプや運用スタイルが違えば、手数料の単純比較ができないからです。手数料が低くリターンも低い投資信託と、手数料は高いがリターンも高い投資信託の優劣を、手数料だけをみて判断できないのは明らかでしょう。手数料は重要な情報ですが、あくまでも情報の一つです。なお、第2章で述べたとおり、確定拠出年金の投資信託はしばしば、同じ運用会社に

図表３－４　企業型確定拠出年金の資産配分（2016年３月）

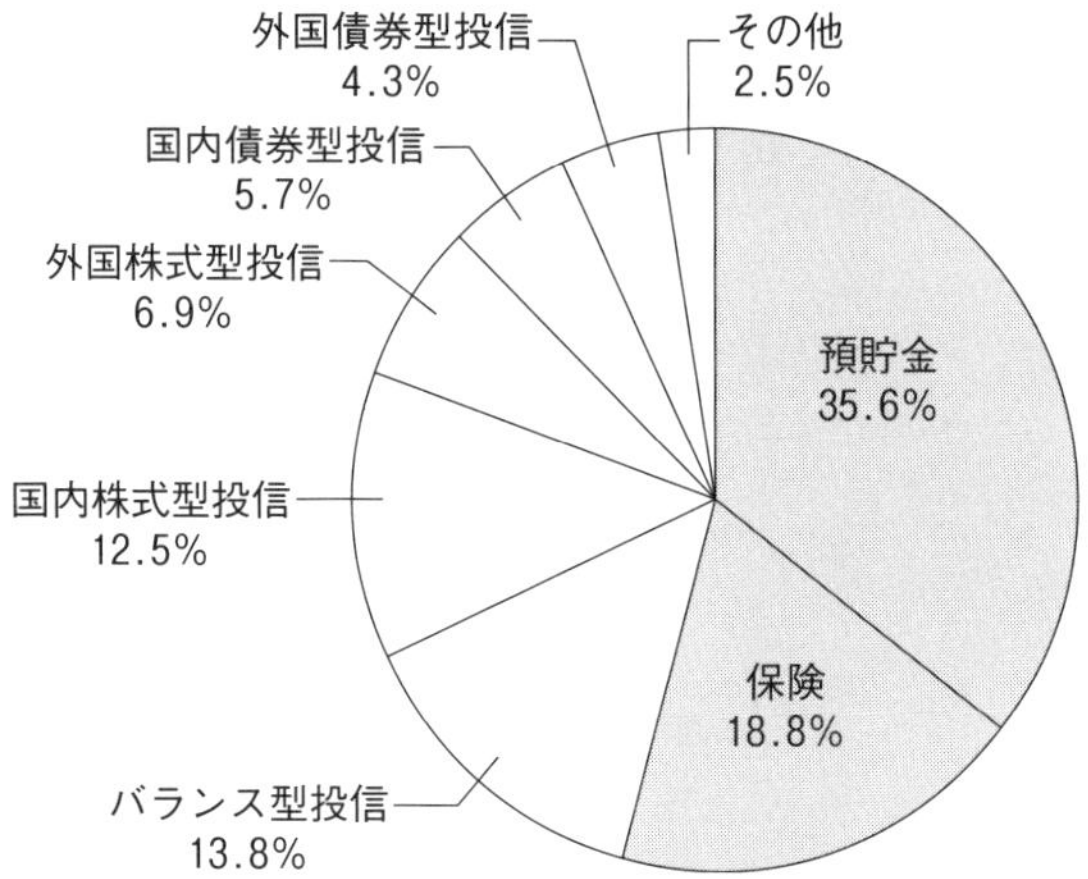

（出所）　運営管理機関連絡協議会

より一般投資家向けに提供されている同様の商品に比べて手数料が低く設定されています。

投資信託ほど明示的ではないですが、保険商品や預貯金にも手数料があります。利率保証型保険商品では、保険会社は加入者が払い込む保険料の一部を使って費用をまかない、収益をあげます。預貯金の場合、預金者が受け取る利息は、銀行が必要経費と収益を差し引いたうえで支払われます。みた目は違いますが、民間の営利組織が提供する以上、無料のサービスはありえません。

f　企業型確定拠出年金の運用の実態

現在の企業型確定拠出年金の加入者は、自分の個人勘定資産を実際にどのように運用しているのでしょうか。当然、個人差があるので一般化はむずかしいのですが、全般的な傾向は運営管理機関連絡協議会のデータで把握することができます。図表３－４が二〇一六年三月時点の加入者全体、図表３－５が年代別の運用の実態です。加入者全体では、預貯金および保険商品の「元本確保型商品」が約五四％を占めました。投資信託は四五％です。また、年代別でみると、六〇歳

図表３－５　企業型確定拠出年金の年代別資産配分（2016年３月）

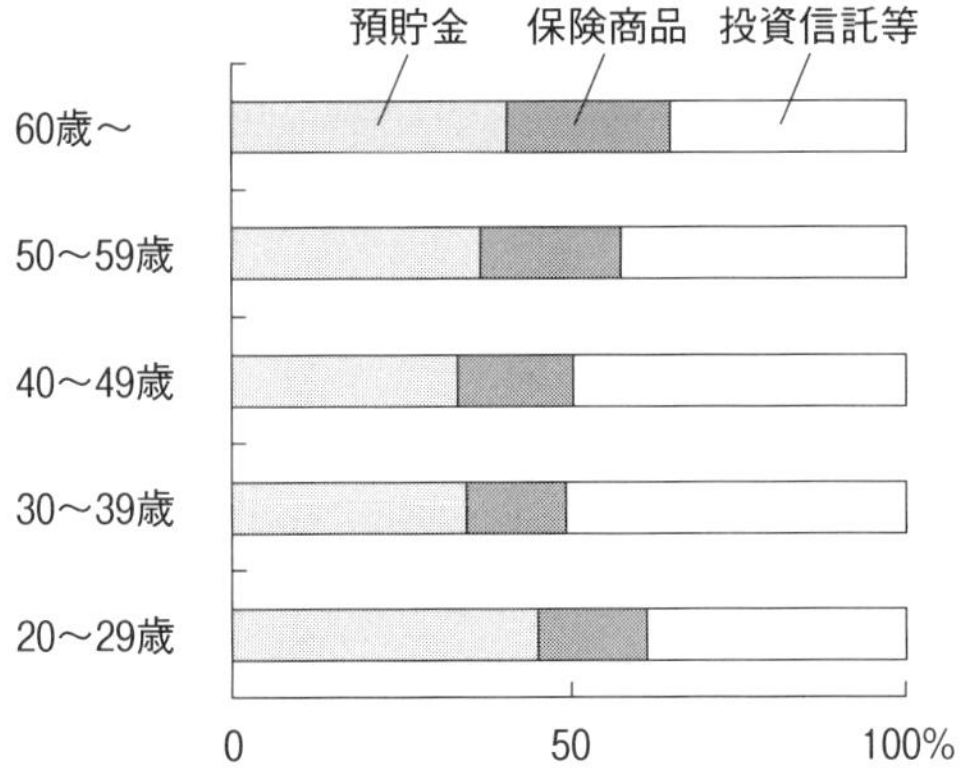

（出所）　運営管理機関連絡協議会

まで二〇年以上ある三〇代でも半分弱が元本額保証商品に入れられていました。

この解釈はむずかしいところです。加入者自身の決定なので、これはこれでよいという考え方もあるかもしれませんが、同じ年金運用ということで確定給付型年金と比較すると、確定給付型年金では図表３－６のように、二五％が内外株式、四〇％が内外債券といった具合に幅広く分散投資されています。保険会社の一般勘定は一六％ですが、預貯金に相当する短期資金は七％と限定的です。ここから察するに、確定拠出年金の現在の運用のあり方は必ずしも年金運用の標準形とはいえないようです。

また、前述の想定利回りは多くの企業型確定拠出年金において一・七五％から二・〇〇％に設定されていますが、足元の預金金利ではこの利回りを達成することはできません。加入者が低利回りの長期的な影響について十分に理解しているのか不安が残るところです。

加入者には、投資教育を通じて投資の意思決定をサポートするための基礎知識や情報、さらにはプランニング・ツールなどが提供されていますが、具体的にどの商品に投資すればよいのかとい

図表３－６　確定給付型年金の運用（2016年３月）

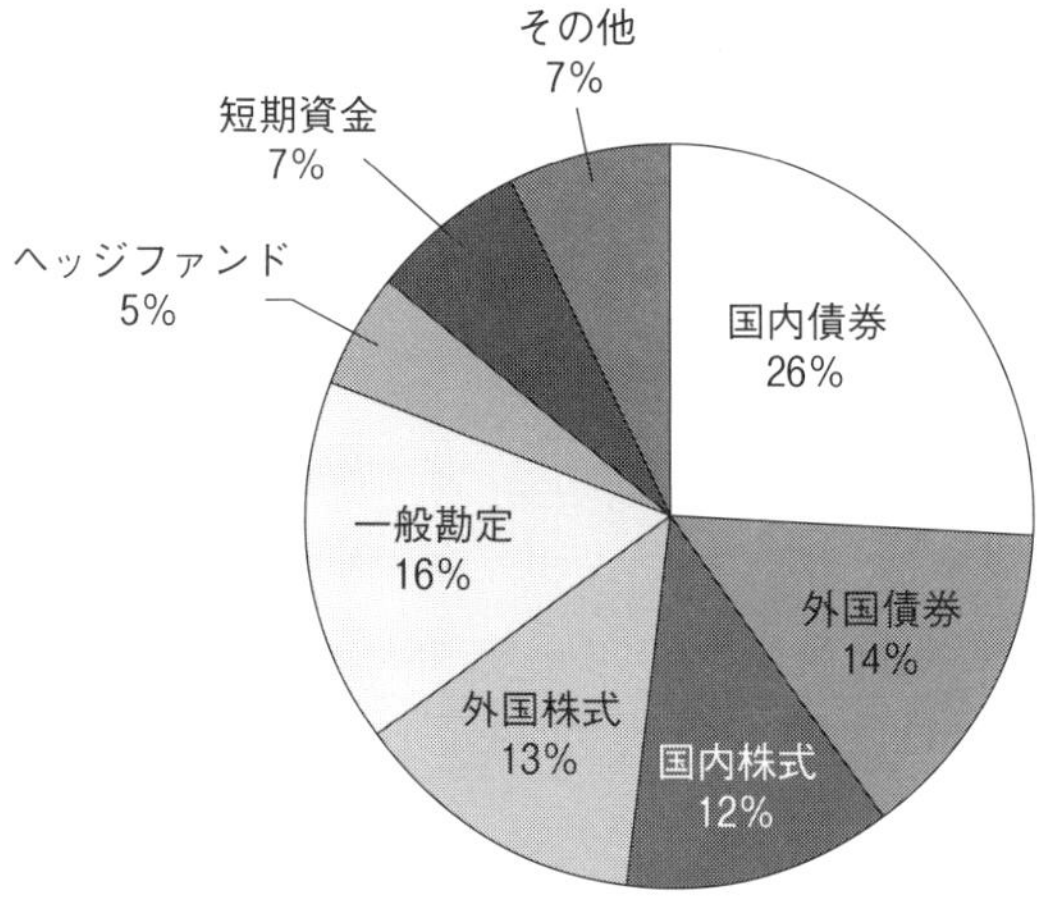

（出所）　企業年金連合会より野村資本市場研究所作成

う加入者の問いにストレートに答えるサービスはありません。加入者にとって、投資に関する「知識装備」と実際の商品選択という「行動」は別物で、行動を後押しするには、もう一工夫が必要なのかもしれません。

さらに、加入時に選択しただけでは不十分で、それ以降、自分の運用内容を定期的に見直し、必要であれば修正し、長期的には加齢とともに変更していく必要があります。長期投資なので、投資対象の日々の値動きに神経質になる必要はありませんが、かといって最初に商品を選択した後、放置しておくのは望ましくありません。たとえば、レコードキーパーから年に一回、あるいは半年に一回といった間隔で「取引状況のお知らせ」が届きますので、そのようなタイミングで定期的に状況をチェックしておくことが必要であると考えられます。

ただ、実際のところ、これを数十年にわたって継続するのは、そう簡単なことではありません。特にむずかしいのが、資産配分調整の作業です。たとえば、最初に株式投資信託の比率を五〇％、債券投資信託の比率を五〇％に設定したものの、株価の下落により一年後には株式投資信託四〇%、債券投資信託六〇%になっていたとします。当初設定した比率からのズレが生じたので、これを元に戻す必要があります。この場合は、債券投資信託を一部売却して株式投資信託を購入することになりますが、この時、株価は下がっているわけですから、この行動は心理的な抵抗を伴います。投資の専門家でない限り、淡々と続けるのは困難といえます。

確定拠出年金の制度が開始されてから十数年が経つ間に、加入者による運用をめぐってさまざまな議論が行われました。それらをふまえ、二〇一六年の確定拠出年金法改正により、「**指定運用方法**」という新しい制度が導入されました。詳しくは第4章で紹介しますが、加入者自身が運用商品を選択するという理念は尊重しつつ、その理念を行動に移せない加入者であっても長期分散投資を実践できるようにするための制度改正です。

(5) 離転職時の資産移換

a 資産移換の重要性

従業員が離職や転職をすると、企業型確定拠出年金の加入資格を失います。その場合、従業員が個人勘定資産の移換先を指定し、年金資産としての扱いを維持しながら保有し続けることができます。勤務先が変わっても、いったん仕事をやめても、現役時代を通じて確定拠出年金での拠出と運用を続けることができます。

民間企業に転職する場合は、転職先に企業型確定拠出年金があれば、その企業型確定拠出年金に資産移換が行われます。もしなければ、個人型確定拠出年金の加入手続を行い、そこへ移換します。公務員、自営業者、専業主婦になる場合は、企業型という選択肢はありませんので、個人型確定拠出年金に移換します。これが確定拠出年金の特徴の一つである、**ポータビリティ**です。以前は、公務員や専業主婦になると、それ以降は拠出を継続できず資産が塩漬け状態になっていましたが、二〇一七年以降そのような事態はなくなりました。

離転職時の資産移換は、加入者が手続を行う必要があります。何かと慌ただしいタイミングであり、それ以外にもさまざまな手続があるので、失念することがないように注意が必要です。運営管理機関が念押しの通知を行うなどしますが、加入期間が短い人、個人勘定資産が少額にとどまる人ほど忘れがちなので要注意です。必ず資産移換の手続を行い、確定拠出年金の加入を継続することが重要です。たとえいまは少額でも、継続することにより長期間にわたる資産形成が実現するのです。

b 回避したい自動移換

もし加入者が資産移換の手続をせずに六カ月が経過すると、「**自動移換**」という事態が発生します。行き先指定のないまま放置された個人勘定の記録と資産は、国民年金基金連合会に自動的に移換され、以後、本人が手続をするまでそこで管理されます。自動移換の期間中、**資産は運用されません**。他方、当然のことですが、口座管理手数料は徴収されます。自動移換が行われた時点で四二六九円、それ以降、毎月五一円という手数料です。この分、資産は着実に目減りします。

また、自動移換の間は、確定拠出年金の**加入期間に算入されません**。確定拠出年金は六〇歳から給付の受取りが可能ですが、加入期間が一〇年未満だと、最長六五歳まで受取りを待たなければなりません。自動移換の期間が存在する個人は、その分加入期間が短くなりますので、それが原因で六〇歳になっても給付を受けられないという事態も生じえます。

このようにデメリットが大きい自動移換ですが、二〇一六年三月時点で五六・七万人の自動移換者がいました。正規の手続により、企業型確定拠出年金から個人型に移換されてきた人数が同時点で五三・五万人でしたので、自動移換者のほうが多いという事態に陥っています。離転職者に対し、なるべくわかりやすい情報提供を行い、手続を促すなど、これまでも自動移換者撲滅の努力は行われてきましたが、残念ながら成功しているとは言いがたい状況です。引き続き、制度面での改善の余地もあるかもしれませんが、本来、個人が自分自身の資産形成のために行動すべきです。

c　中途引出しと退職一時金

加入者が離転職する際の取扱いをめぐり、しばしば退職一時金が確定拠出年金の比較対象として持ち出されます。退職一時金は、企業の退職給付制度のなかで最も普及しており、多くの企業や従業員にとってなじみ深い制度です。企業を辞めたときに退職一時金であれば六〇歳未満でも受け取ることができるのに、確定拠出年金では受け取れません。この違いが確定拠出年金に対する違和感を生んでおり、中途引出しの要件を緩和すれば制度の使い勝手がよくなるのではないかという指摘につながっています。

確定拠出年金の個人勘定資産は、年金原則を堅持するため基本的に六〇歳まで引き出せません。中途引出しである**脱退一時金**を受け取ることができるのは、企業型の場合、個人勘定資産残高が一・五万円ときわめて少額の場合に限られます。個人型確定拠出年金の場合、経済的困難等により国民年金保険料免除者となり、加入期間が三年以下または個人勘定資産残高が二五万円以下であれば脱退一時金を受け取ることができます。要するに、生活困窮時に例外的に認められるということです。

人々になじみのある退職一時金と比較され、違和感をもたれるのは、ある程度仕方のないことかもしれません。しかし、確定拠出年金のほうが、迷う余地なく、老後のための資産形成を継続できるのも事実です。

(6) 給付の受取り

a 老齢給付金

確定拠出年金の加入者が六〇歳に到達すると、個人勘定資産を**老齢給付金**として受け取ることができるようになります。ただし、六〇歳時点で**通算加入期間が一〇年に満たない場合は、最長で六五歳まで受取開始が引き延ばされます**。また、企業型確定拠出年金の加入年齢の上限が六〇歳から六五歳の間に設定されている場合は、その年齢に到達するか、退職等で加入資格を失うまで受け取ることはできません。

老齢給付金の受取りは、本人が運営管理機関に申請して手続を行います。運営管理機関からレコードキーパーに必要書類が送られ、レコードキーパーが、申請者が給付受取りの資格を満たしているかどうかを確認し、問題がなければ給付を受け取ることができます。老齢給付金は、本人が指定した金融機関口座に、資産管理機関から払い込まれます。

給付の受取り方は、本人が確定拠出年金規約の規定に従い、一時金、年金、両者の組合せのなかから選びます。年金の場合、五年から二〇年の期間を指定することになります。運用商品の選択肢として終身年金保険が含まれていれば、終身年金を選択することも可能です。

現状は、一時金の受取りを選ぶケースが多く、二〇一五年度の老齢一時金の平均金額は、企業型で四六二万円、個人型で三二五万円でした。年金資金が比較的少額のうちは、わざわざ分割する必要性を感じないという側面もあるでしょう。しかし今後、加入期間の長い人が増えるにつれて、相当程度の給付を受け取る人も出てくると思われます。そうなってくると、一時金にするのか、年金にするのかを検討する必要性も増してくるでしょう。

なお、給付の受取りを開始しても、個人勘定に残った資産の運用は継続できます。運用時非課税の適用も続きます。一時金を受け取った後、すぐに消費せず預金口座などに置いておくと利息は二〇％課税の対象になるため、確定拠出年金に残しておくほうが税制上は有利といえます。ただし、現役社員として加入しているときは、福利厚生制度として運営管理関係の費用を企業が負担するのが一般的ですが、受給者になると、運営管理関係の手数料が個人もちになる場合もありますので、その点も加味した比較検討が必要です。

b　障害給付金、死亡一時金

確定拠出年金は年金制度なので老齢給付金が中心ですが、加入者が高度障害に陥った場合は、**障害給付金**を請求することができます。公的年金にも障害給付がありますが、その受給要件を満たしたり、身体障害者手帳の交付を受けたりすると、確定拠出年金の障害給付金の要件も満たされます。障害給付金も老齢給付金と同じく、一時金、年金、両者組合せの選択肢があり、運営管理機関を通じて申請します。

死亡一時金は、加入者の死亡時に遺族に対し支払われます。本人が受取人をあらかじめ指定していればその人が、指定していなければ法令の定める順位に基づき、配偶者、子、父母などが受取人となります。

3　個人型確定拠出年金（iDeCo）

以上が、企業型確定拠出年金の加入から給付受取りまでの流れです。次に個人型確定拠出年金の流れをみていきます。企業型と重複する部分は、適宜企業型を参照したいと思います。ただし、企業型確定拠出年金が、従業員のための福利厚生制度であるのに対し、個人型確定拠出年金は、金融機関で個人が加入する資産形成制度であることは、両者の本質的な相違点です。

(1) 金融機関の選択と加入・拠出

a どこで加入するのかの選択

個人型確定拠出年金への加入は、個人が金融機関を選択するところから始まります。銀行、証券会社、保険会社など幅広い金融機関が運営管理機関として登録していますし、自ら運営管理業務は行わないものの、運営管理機関と業務提携することで個人型確定拠出年金の受付窓口となっている金融機関も多数あります。二〇一七年一月からの加入対象者拡大を契機に、金融機関の個人型確定拠出年金の提供姿勢は積極化しています。新聞、雑誌などのマスメディアでの露出度も格段に上がりました。

ただ、二〇〇二年の制度開始以降の歴史を振り返ると、個人型について活発な営業活動が展開されてきたとは言いがたく、そのせいか、いまだに「個人型確定拠出年金に加入するには、どこへ行けばよいのか」が、「よくある質問」の一つではないかと思われます。個人型確定拠出年金を取り扱っている金融機関の網羅的なリストは、国民年金基金連合会のウェブサイトに掲載されています。もっとも、それをみて判断を下すのは少しむずかしいかもしれませんので、すでに付き合いのある金融機関でまずは聞いてみる手もあります。基本的には、自分が金融機関に対しどのようなサービスを期待するのかを基軸に考えるのがよいように思います。老後に向けた資産形成を幅広く支援してほしいのであれば、個人向け資産形成サービスを強みとする金融機関が候補となるでしょう。自分で運用商品を選択するのが確定拠出年金の特徴ですから、商品の品揃えも重要なポイントです。

運営管理関係の手数料（口座管理手数料）の確認も重要です。企業型確定拠出年金では運営管理関係の手数料を企業が負担する場合が多いので個人が意識することはほとんどありませんが、個人型は自分ですべて負担しますから、資産形成のペースに直接影響を及ぼします。最近では、手数料の横比較が可能なウェブサイトも登場しています。金融機関によって相違がありますが、第2章で示したとおり、加入時の一回きりの手数料が国民年金基金連合会に支払われ（二七七七円）、それ以降は、国民年金基金連合会に毎月一〇三円（年間一二三六円）、事務委託先金融機関に毎月六四円（年間七六八円）、運営管理機関に毎月百数十円から四〇〇円台（年間二〇〇〇円から五〇〇〇円）といった具合で、おおむね合計で年間二〇〇〇円から七〇〇〇円の間に分布しているようです。ただし、どのようなサービスについてもいえることですが、安ければよいというものではないことは念頭に置く必要があります。順番としては、まず個人型確定拠出年金についてどのようなサービスを求めるのかから始め、次いで手数料の確認というのが妥当だと思われます。

加入先の金融機関を選択したら、個人型確定拠出年金への加入申込みを行います。申込書類は当該金融機関から、個人型確定拠出年金の実施主体である国民年金基金連合会に送付されます。**基礎年金番号**、**本人確認書類**（免許証など）、**拠出額の設定**、**運用商品の選択**、金融機関からの口座引落しの場合はその**口座情報**を提出します。

民間従業員の場合は、事業所登録申請（加入するには勤務先が国民年金基金連合会に登録されている必要があるため、その申請）と加入希望者の職場の年金制度への加入状況（職場の年金制度の種類と加入資格の有無について）に関する書類の提出も必要です。両方が一つの書類にまとめられているので「**事業所登録申請書兼第二号加入者に係る事業主の証明書**」と呼ばれます。公務員の場合、事業所登録は事前にすんでいるので、「第二号加入者に係る事業主の証明書」です。また、拠出を給与天引きで行うのか、口座振替で行うのかを決めます。口座振替の場合は年末調整が必要になります。

b　加入のメリットの再確認

個人型確定拠出年金への拠出は**所得控除**（**小規模企業共済等掛金控除**という名称です）の対象となり、個人所得税の納付額を減らすことができます。また、運用収益への課税は行われません。通常の運用では預金金利であれ証券投資の運用収益であれ、二〇％の税率で課税されますので、この差異は大きいです。個人型への加入を検討する際に、まず認識すべきは、これらの税制優遇の存在です。そのかわり、六〇歳まで個人勘定資産を引き出すことはほぼ不可能です。これは重要な制約ですが、他方、個人の資産形成に関する制度において、恒久的な税制措置というかたちでこれほど強固な後押しを得た制度はほかにありません。

第三号被保険者は所得がないので、拠出の所得控除は行えません。その点だけをとらえると加入するインセンティブが弱いようにもみえます。しかし、日本の女性の労働力率は二〇歳代前半で六九％、後半で八〇％に達しています。第三号被保険者の大部分が女性ということで女性の状況にフォーカスするなら、いわゆる学齢期を終えて一度も就業せずに第三号被保険者になる人は、もはや少数派ということです。

第三号被保険者が個人型に加入できる意義は、一度は就業して企業型確定拠出年金の加入者となり、その後、たとえば出産・子育てといった理由から労働市場を離れて第三号被保険者になるような人が、掛け金拠出を継続できることにあるといってよいでしょう。第1章でも触れましたが、以前のように個人型に資産移換したものの塩漬けになるのに比べると、たとえ所得控除ができなくても、老後に向けた自助努力の継続性は保たれます。いずれまた就業を再開して、拠出の所得控除を享受するまでの橋渡しとしても機能します。

(2) 個人向け投資サービス

個人型確定拠出年金の場合、加入者は金融機関を選択する時点で、運用商品の品揃えや運用に関するサポートのサービスについても、ある程度の意思決定をしているとみることができます。

個人型確定拠出年金の投資教育は、運営管理機関が用意します。ただ、職場の制度ではないので、企業型の集合研修のような提供方法はとられません。法令上、加入者に提供すべき情報や投資教育の内容は企業型と同じですが、提供方法は、パンフレットや冊子、あるいはウェブサイト経由が中心的です。

個人型確定拠出年金への加入は、個人が初めての加入先として個人勘定を開設するケースと、企業型確定拠出年金に加入していた人が資格を失い、資産移換して加入するケースとがあります。初めての加入者は、基本的な事項も含めて、受付金融機関に積極的に照会するとよいでしょう。資産移換者は、すでに確定拠出年金についてある程度の経験を有しており、一からの解説は必要ないかもしれませんが、新しい加入先だと運用商品の品揃えも異なりますので、やはりわからないことは積極的に質問するのがよいと思われます。

二〇一六年の制度改正を経て個人型確定拠出年金の提供が本格化するにつれ、多くの金融機関において個人型をめぐるサービスは、ＮＩＳＡなどを含むより幅広いサービスの一部として提供されるようになると思われます。

(3) 中途引出しと給付の受取り

個人型確定拠出年金は、所得控除と運用時非課税という税制措置を伴います。この類の税制措置はしばしば時限的に導入され、期限がくると本則に戻されてしまいますが、確定拠出年金の場合は恒久的な措置なので、そのようなことは起きません。

その分、中途脱退の制約が厳しいのは、すでに述べたとおりです。年金目的であればこそ税制措置が付与されているのですから、当然といえば当然です。ただ、個人型は加入するかどうかは完全に個人任せですので、六〇歳まで引き出せないという心理的ハードルが個人型の普及の障壁となるのは避けがたいことです。この論点は第5章で取り上げます。

個人型確定拠出年金からの給付の受取方法は、基本的に企業型と同じです。これまでのところは一時金の受取りが中心的ですが、企業型からの資産移換も含めて個人勘定の資産残高が増加するにつれて、状況が変わってくる可能性があります。個人が保有する資産全体とあわせて、総合的な検討を行うのが合理的です。六〇歳以降の話ではありますが、給付の受取方法の決定についてもサポートしてくれる金融機関に加入しておくと、将来便利になる可能性があります。

第4章

企業にとっての確定拠出年金

1 確定給付型年金から確定拠出年金へ

企業が確定拠出年金を導入する目的は、企業によりさまざまです。そもそも企業は確定給付型年金であれ確定拠出年金であれ、企業年金を従業員に対して提供する義務はありません。企業年金を提供する一般的な目的は、同業他社に比べて充実した福利厚生制度とすることで、より優れた人材を確保・維持することでしょう。なぜ確定給付型年金ではなく確定拠出年金にするのかについても、企業を取り巻くさまざまな事情や考え方がありえますが、次に述べる環境変化の影響も大きいと思われます。

確定拠出年金は企業年金改革の一環として導入されました。一九九〇年代後半、確定給付型年金を提供している企業の多くは、積立不足への対応に苦慮していました。確定給付型年金では、企業が従業員に対し将来の年金給付を約束します。この約束は、企業の従業員に対する債務です。企業は年金財政方式に基づいて算出された掛け金を拠出し、運用難などで不足が出れば追加の拠出が求められます。事業展開や研究開発などに投下できたはずの資金を、年金の積立不足対応に費やすことになるわけです。また、どのようなタイミングで、どのくらいの規模の追加拠出が発生するかがわからないという不確実性も重荷です。本業の業績が厳しい時に株式市場も不調で積立不足が発生し、追加拠出を求められるという悪循環も懸念されます。このような確定給付型年金の難点が、一九九〇年代の景気低迷と運用難のなかで一気に顕在化しました。

一九九〇年代後半には、「金融ビッグバン」の一環で日本の会計制度をグローバル・スタンダードに近づける作業も進められていました。二〇〇〇年度から退職給付会計の適用が開始され、企業は年金の積立不足を財務諸

図表4－1　確定拠出年金の導入企業数および加入者数推移

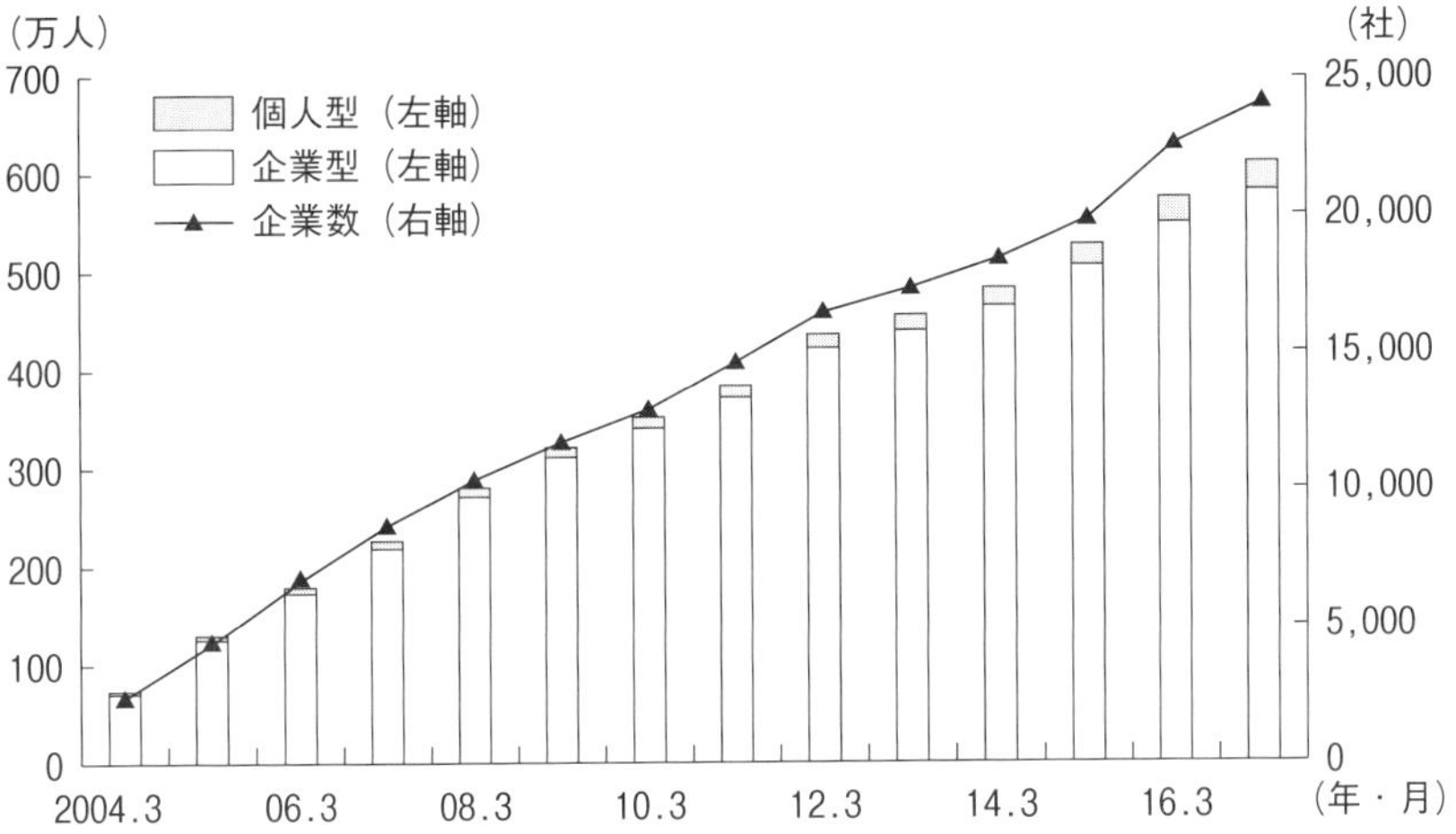

（出所）　厚生労働省年金局より野村資本市場研究所作成

表で開示することになりました。これにより、共通ルールのもとで年金債務、年金資産、年金費用などが算出され、年金制度の積立状況が一目瞭然となりました。

年金財政の悪化と退職給付会計によるディスクロージャーの強化により、多くの企業が確定給付型年金の積立不足の回避、年金債務の縮小を考えるようになりました。しかし、従業員との関係悪化は本意ではありませんので、退職給付制度の提供は継続しつつも、企業にとって負担軽減が可能な方法が模索されました。そして、行きついたのが、当時すでにアメリカなどで普及を遂げていた、確定拠出年金制度の導入でした。

日本の確定拠出年金のモデルとなったのは、アメリカの確定拠出型企業年金である４０１(k)プランです。アメリカでも、もともと、企業年金は確定給付型が主流でした。しかし、数十年にわたる年金給付の義務を負い続けるのが企業にとって困難になり、一九八〇年代後半頃から着実に４０１(k)プランへのシフトが進みました。いまでは加入者数、資産残高ともに４０１(k)プランのほうが確定給付型年

図表４－２　確定拠出年金の資産残高推移

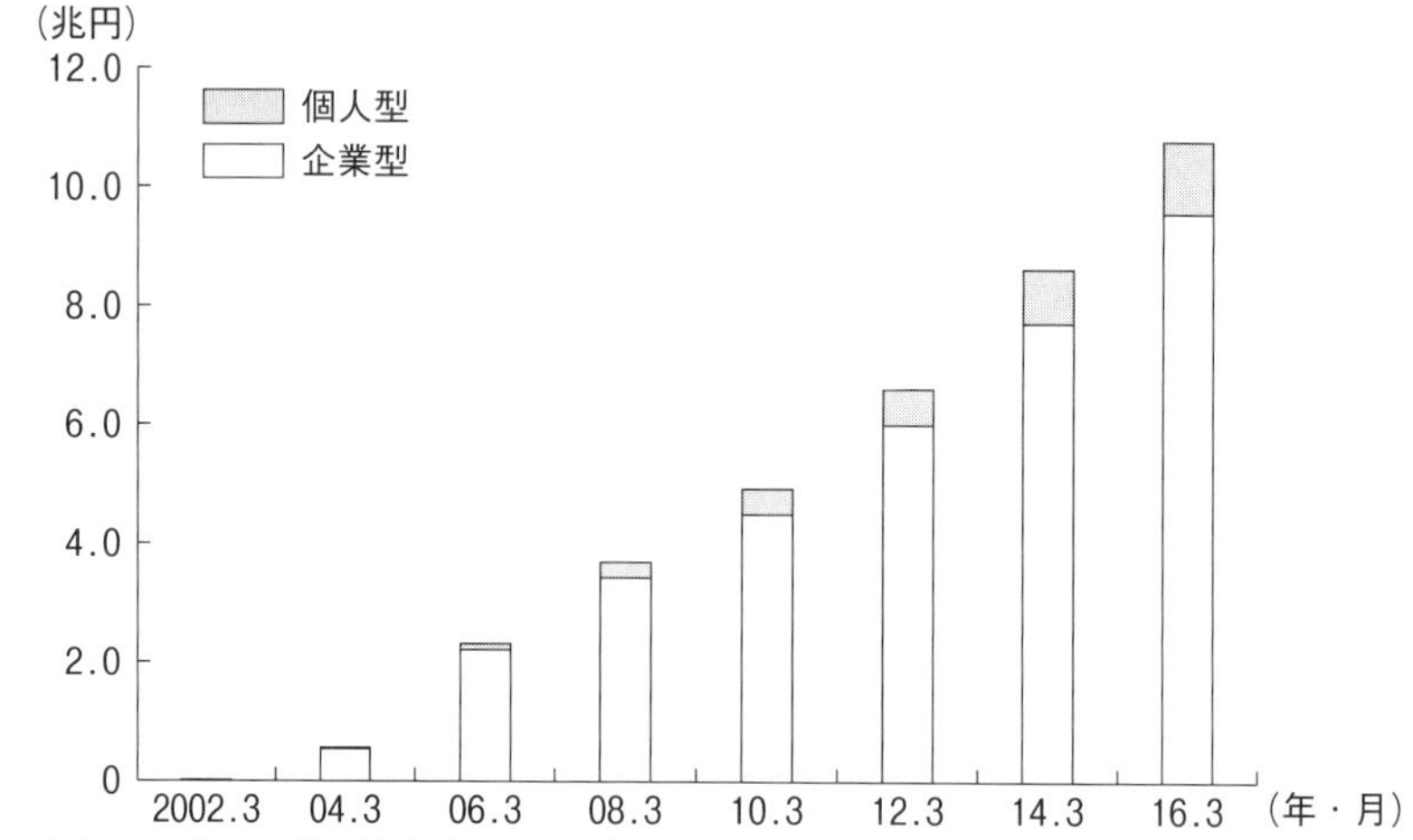

（出所）　運営管理機関連絡協議会「確定拠出年金統計資料」2002年３月末～2016年３月末より野村資本市場研究所作成

金よりも大きくなっています。二〇一四年時点の４０１(k)プランの現役加入者六二六五万人に対し、確定給付型企業年金は一四五〇万人でした（一九九四年に逆転）。また、二〇一六年一二月時点の４０１(k)プランの資産残高四・八兆ドルに対し、確定給付型は二・九兆ドルでした（二〇〇四年に逆転）。

日本の確定拠出年金も二〇〇一年の導入以降、企業数、加入者数ともに順調に拡大してきました（図表４－１）。導入企業数は二〇一六年一二月時点で二・五万社、加入者数は企業型の五八九万人と個人型三一万人で、合計六二〇万人に達しています。資産残高は二〇一六年三月時点で一一兆円でした（図表４－２）。他方、二〇一六年三月時点の確定給付型年金の加入者数は、確定給付企業年金が七九五万人、厚生年金基金が二五四万人で、両方に加入している人数はわかりませんので単純合計すると一〇四九万人でした。また、歴史が長いだけに資産残高は大きく、二〇一六年三月時点で八二兆円でした。アメリカのように逆転するには至っていませんが、確定給付型年金と確定拠出年金の差は着実に縮まっているといえるでしょう。

2 目的に沿った制度設計

(1) 退職給付制度における位置づけ

確定拠出年金を、退職給付制度全体においてどのように位置づけるかは、企業の福利厚生制度に対する考え方、平均的な勤続年数、雇用形態・勤務形態といった従業員の特性などによります。

まず、確定拠出年金の導入を、既存制度への上乗せとして行うのか、退職給付制度の見直しの一環として、既存制度の全部または一部を確定拠出年金に移行するかたちで導入するのかにより、確定拠出年金の位置づけは異なってきます。一般に、退職一時金を含めると、多くの企業がすでになんらかの退職給付制度を提供していますので、純粋な上乗せというよりは既存の制度の見直しとして導入するケースも多いようです。

退職給付制度の一部または全部を確定拠出年金によって代替する場合、しばしば、代替される制度からの資産移換が生じます。資産移換を伴わないかたちで、将来給付の部分について制度を移行する場合もありますが、資産移換の有無をみることで、上乗せと代替のどちらなのか、ある程度の推測をすることはできます。二〇一六年一二月時点の企業型確定拠出年金導入済企業のうち、四八%が他制度からの資産移換を伴うかたちで確定拠出年金を導入していました。

ただし、二九％は資産移換元の制度が「適格退職年金」でした。適格退職年金は確定給付型年金の一種で、かつては中小企業を含め幅広く利用されていました。しかし、年金に対する加入者の権利保護が脆弱であるといった理由から、二〇〇一年の制度改革で廃止が決定され、一〇年の移行期間が終了した二〇一二年三月に廃止されました。厚生労働省によると、この間、七万件を超える適格退職年金の約一割が確定拠出年金に移行しました。適格退職年金からの移換は、制度廃止という特殊要因に後押しされた側面が強いといえます。次に多かったのは、退職一時金からの移換で、一八％でした。

企業の退職給付制度における確定拠出年金の位置づけに関しては、他制度との併用にするのか、確定拠出年金のみとするのかも重要なポイントです。二〇一五年三月末時点で、他の企業年金の併用がない、すなわち企業年金は確定拠出年金のみという企業は全体の六七％でした。企業規模に応じた違いがみられ、従業員数一〇〇〇人以上の企業で三五％だったのに対し、九九人以下の企業では七七％が確定拠出年金のみでした。ただし、これは企業年金との併用であり、退職一時金制度が含まれません。退職一時金制度は企業規模を問わず広く普及しています。退職一時金と確定拠出年金の併用は、それなりに存在するものと思われます。

企業型確定拠出年金を導入する際には、労使合意が義務づけられています。労働組合がない企業の場合は、従業員の過半数の代表者との合意が求められます。この合意形成の過程で、確定拠出年金の制度設計についても労使で話し合われることとなります。

(2) 加入資格の設定

企業型確定拠出年金では、すべての従業員を対象とするのではなく、加入資格を設定することができます。加入資格の設定には、企業の確定拠出年金の提供の目的や退職給付制度に対する考え方が反映されます。具体的には、一定の職種、一定の勤続期間、一定の年齢に基づき、従業員の確定拠出年金への加入可否を定めることができます。また、「選択制」を採用し、希望者のみが確定拠出年金に加入するかたちにすることも可能です。ただし、加入者を不当に差別することは許されません。

別の見方をすると、加入資格をもつ従業員は、全員、確定拠出年金に自動的に加入します。自分で能動的に加入するわけではありません。そのため、加入したという意識を明確にもたない人も出てきます。このことが、確定拠出年金を通じた資産形成に対する関心度合いに影響を及ぼすのも事実です。この点については後述します。

選択制は、退職金の前払いとして給与に上乗せするか、確定拠出年金への企業拠出とするかを従業員が選べるようにするという制度設計です。中小企業などは、しばしば給与を減額することにより確定拠出年金への拠出原資を捻出するとされます。その場合、従業員に対し、給与と確定拠出年金への拠出のどちらにするかについて、選択する機会を与えているともいえます。日本がモデルとしたアメリカの401(k)プランは、もともと従業員が加入するかどうかを決め、給与天引きでの拠出水準を設定し、企業が加入者の拠出額の五〇%、一〇〇%といった企業拠出を追加するというやり方です。日本では企業拠出ありきのかたちで確定拠出年金を導入しましたが、選択制はオリジナルのかたちに近づいているとみることもできます。

確定拠出年金の制度上の制約を念頭に置くと、選択制のほうが導入しやすい場合もあります。たとえば、確定拠出年金の導入時点で五〇歳以上の従業員については、加入期間が一〇年以上という受給開始の要件を満たすことができないまま六〇歳に到達しますので、受給可能な年齢が後ろにずれることになります。この点を重視し、五〇歳以上の従業員については選択制にするという考え方もあります。

二〇一六年の制度改正により、企業型確定拠出年金の加入者が第三号被保険者になっても、あるいは転職先で確定給付型年金に加入することになったとしても、個人型確定拠出年金に拠出し続けることができるようになりました。従業員の回転率が高い企業や女性比率の高い企業は従来、全員を加入対象とすることで彼らの資産が「塩漬け」になるかもしれないという懸念がありましたが、この課題は解消され、制度の使い勝手がよくなったといえるでしょう。

(3) 拠出方法の設定

確定拠出年金の拠出方法は、全加入者に対して同じ金額を拠出する定額方式のケースもありますが、給与の一定比率を拠出する定率方式、あるいはそれに類する方法をとる企業が多数派です。年金もトータルな報酬の一部と考え、給与が高い、すなわち企業への貢献度が高い従業員に対し、より多額な拠出を行うということでしょう。

定率方式では、一般に若年の従業員は給与が少ないので確定拠出年金への拠出も少額ですが、給与が増えるにつれて拠出も増加していきます。問題は、増加していった拠出額が、ある時点で法令上の拠出限度額に到達してしまうケースです。それ以降は、給与が増えても確定拠出年金への拠出額は頭打ちになりますので、その部分をどう考えるのか決めなければなりません。このような事情もあって、ピーク時の拠出額と法令上の限度額が一致するようなかたちで拠出率を設定する企業もあります。

これは、拠出限度額の水準が結果的に制度設計に影響を及ぼしている一例ですが、実は似たようなケースはほかにもあります。

たとえば、確定給付型年金の一部を確定拠出年金に移行した場合、確定給付型と確定拠出年金の併用ということになりますので、確定拠出年金の拠出限度額が機械的に半分に減らされます。退職給付制度における確定給付型年金の位置づけや内容とは無関係に半額なので、たとえば退職給付における確定拠出年金の割合を本当は六割、七割にしたいという場合、この税制が障壁になる可能性があります。

また、たとえば、企業が退職給付の半分を確定拠出年金に移行したいと考え、確定拠出年金の拠出方法として、給与の一定比率を拠出する方式を採用し、二%の想定利回りを設定したとします。ところが、試算の結果、退職給付制度の半分を移行すると、給与水準が一定以上の加入者に対する必要拠出額が法令上の限度額を超えてしまうことが判明しました。この企業が機械的に退職給付制度の半分を移行すると、これら一部の加入者については不利益変更に当たるという事態が発生するわけです。企業によっては、このような事態を回避するために、確定拠出年金への移行割合を本来望む割合より低くする場合もあるようです。

(4) 想定利回りの設定

資産移換の有無はともかくとして、前述のように既存の退職給付制度の全部または一部を確定拠出年金に移行する場合、しばしば「想定利回り」を設定して掛け金額を算出し、この掛け金拠出を約束することで、企業は従業員に対し不利益変更のないことを示します。想定利回りについては、第3章で述べたとおりです。

仮に想定利回りを設定したとしても、企業がその利回りを保証するわけではなく、確定給付型年金のような約束は伴いません。しかし、想定利回りの設定は、労使合意に際しての重要な前提条件の一つであり、企業が自社の従業員の平均的な運用行動についてどうみているかの表れでもあります。そのことをふまえて、労使で現実的な利回りを設定するのが妥当と思われます。

(5) マッチング拠出と個人型確定拠出年金

加入者の個人拠出、いわゆる**マッチング拠出**を可能にするかどうかは、確定拠出年金の制度設計上、重要な決定事項です。マッチング拠出を可能にするには、その旨を確定拠出年金の規約に定める必要があります。可能とすれば、加入者にとっては、税制措置を得つつ資産形成を行う貴重な機会となります。

マッチング拠出が可能になったのは二〇一二年からです。二〇〇一年に確定拠出年金制度が開始された時点では、企業型確定拠出年金では企業拠出のみが可能でした。国民の自助努力を支援するという制度の趣旨を活かすべく、二〇一一年の法改正により、加入者が自分の個人勘定に追加的な拠出をできるようになりました。したがって、それ以降に確定拠出年金を導入する企業は、最初からマッチング拠出を可能にできますが、すでに導入ずみだった企業では規約を改正する必要があります。二〇一六年九月時点で、全体の二九％に当たる七一六一社がマッチング拠出を可能としていました。

第3章でも触れましたが、マッチング拠出には二つの制約があります。一つは、企業拠出とマッチング拠出の合計で法令上の限度額以下に収める必要があること、もう一つは、マッチング拠出は企業拠出以下とする必要があることです。後者が設けられたのは、企業年金である以上は企業拠出が中心であるべきだという考え方や、このような制約を課さないと拠出を極小化する企業が出るという懸念が主張された結果ともいわれます。しかし、この制約は加入者の自助努力の機会を狭めています。企業型確定拠出年金は提供するものの、多額の企業拠出を行うリソースがない企業と、十分な企業拠出が可能な企業の加入者とを比較すると、前者の加入者は自助努力の金額も低く抑えられることになり、結果的に格差拡大につながるとすらいえます。

企業拠出以下の制約廃止はマッチング拠出の制度開始当初から主張されましたが、進展はみられませんでした。そのようななかで、二〇一六年の制度改正により、企業型確定拠出年金の加入者も、企業型でマッチング拠出が可能でない場合は、個人型確定拠出年金に加入できるようになりました。これらの人々の個人型確定拠出年金の拠出限度額は、確定給付型年金と企業型確定拠出年金の併用の場合は月額一・二万円（年間一四・四万円）、企業型確定拠出年金のみの場合は月額二万円（年間二四万円）です。企業拠出の水準次第では、マッチング拠出よりも個人型のほうが加入者にとって拠出可能な金額が高い可能性もあります。

整理すると、企業型確定拠出年金でマッチング拠出を導入すると、加入者は個人型には加入できず、マッチング拠出なしであれば個人型に加入できます。企業は企業型確定拠出年金の制度設計において、マッチング拠出と個人型への加入のどちらを可能にするかを検討することが望まれます。そうすることにより、加入者に対し税制優遇を伴う自助努力の機会を提供することができるからです。マッチング拠出であれば、加入者は企業型と同じ運営管理機関による運用商品・サービスのもとで個人拠出を行うことができます。個人型確定拠出年金への加入を可能にする場合は、加入者は自分で金融機関を選択することができます。ただし、別途運営管理関係の手数料（口座管理手数料）が発生し、加入者自身が負担することになります。

企業はまた、これらの自助努力の機会の存在について、投資教育等を通じて加入者に伝えていくことが望まれます。マッチング拠出にせよ、個人型への加入にせよ、この機会を実際に活用するかどうかは加入者本人が決定しますが、機会の存在を認識していなければ利用につながりません。企業や運営管理機関が投資教育のなかでマッチング拠出の説明に注力したかどうかで、加入者のマッチング拠出の利用率に差異が出ているという指摘もあります。

⑹ 個人型確定拠出年金に関する手続

企業にとっての確定拠出年金は企業型であり、個人型に関連する手続は関係ないと思われるかもしれません。たしかに、企業型と比べると関係は薄いのですが、皆無ではないことに注意が必要です。具体的には、従業員が個人型に加入したいと考えた場合の手続です。

民間従業員が個人型確定拠出年金に加入する場合、国民年金基金連合会に「**事業所登録申請書兼第二号加入者に係る事業主の証明書**」を提出しなければなりません。この証明書は、加入を希望する個人が第二号被保険者であることと、職場の年金制度の内容に応じた資格の有無を証明するものです。加入者はこれらの資格に変化が生じた場合、すみやかに国民年金基金連合会に届け出る必要がありますし、年に一回、職場の年金制度への加入資格の有無についての届出も求められます。企業は従業員がこれらの手続を行うにあたり、協力することが求められます。

企業はまた、企業型確定拠出年金を実施しているもののマッチング拠出を導入しない場合、企業型の規約改正を行い、加入者が個人型確定拠出年金に加入できる旨を記載することが望まれます。制度上、そうしないと企業型確定拠出年金の加入者は個人型に加入することができないからです。また、個人型への拠出を給与天引きで行えるようにする、あるいは、従業員の口座振替で拠出する場合は年末調整を行うといった事務が発生しますが、それらへの対応も求められます。

個人型確定拠出年金の加入手続は複雑・煩雑である、オンラインで完結できず不便であるといった指摘がなされています。二〇一七年一月から個人型の加入対象者が拡大し、加入しようと考える人が増加すると予想されます。事務手続の煩雑さが原因で個人が加入する気をなくしてしまうようなことがあっては、元も子もありません。企業による証明書や年に一回の確認なども含めて、手続の内容や方法などについて簡素化が検討されているところです。

3 運営管理機関の選定は企業の責任

企業が確定拠出年金を開始するには、**サービス提供業者**を選定する必要があります。レコードキーパーや資産管理機関はインフラに近い存在ですので、確定拠出年金の業者選定の中心は、運営管理機関が占めるといってよいでしょう。運営管理機関の選定は、確定拠出年金で提供される運用商品の選定、投資教育をはじめとする加入者向けのサービスの提供業者の選定に直結します。

運営管理機関の選定では、通常、複数の候補の間でコンペが行われ、企業が最適と考える業者を選びます。その際、確定拠出年金の運用商品やサービスの質、手数料水準などに基づき決定されます。本来、確定拠出年金とは無関係な本業での取引関係などが優先されるべきではありません。

企業は運営管理機関の選定を、加入者の最善の利益を考慮して行う責任があります。加入者にとっては、資産形成のツールの内容がこれにより規定されるわけですから、きわめて重要です。企業型の加入者は運営管理機関の商品やサービスに不満があっても、個人型の場合のように確定拠出年金の加入先を変更することができないのです。

二〇一六年の制度改正により、企業は五年に一度、運営管理機関の評価・検討を行うことが求められるようになります。その結果、必要であれば運営管理機関の変更も含め、加入者の利益を確保するよう努めなければなりません。適当な期間をおいて取引先のレビューを行うのはごく一般的なことであり、確定拠出年金の運営も制度の開始から十数年を経て、より成熟した段階に入ったと考えることができます。

ただし、定期的なレビューが機能する前提として、そもそも運営管理機関の選定が適正なプロセスを経て実施されている必要があります。そうでないと、業者のパフォーマンスを評価する基準を設けることができません。今後、一般的な評価項目などが目安として整備される可能性もありますが、基本的には自社の加入者にとって優れたサービス提供を得られているかが重視されるべきでしょう。

4 運用商品の品揃えの整形

確定拠出年金の運用商品の選定・提示は一義的には運営管理機関の役割ですが、企業が確定拠出年金の目的や従業員の特徴などを運営管理機関に伝え、それらを適宜反映させる必要があります。

また、二〇一六年の制度改正により、運用商品の品揃えをめぐる環境が大きく変わろうとしています。改正内容は、二〇一八年六月までの間に施行されます。企業はこの機会に、自社の確定拠出年金の運用商品の品揃えを見直すとよいと思われます。

(1) 元本確保型商品の提示義務の廃止

まず、元本確保型商品の提示義務が廃止されます。現在の制度では、必ず一本以上、元本確保型商品を品揃えのなかに含める必要があり、加入者への提示に際しても他の商品群とは区分され、目立っていたことが否めません。加入者の多くは投資信託のような価格変動を伴う運用商品になじみがありません。そのようななかで、元本確保型という「安心感」を伴うネーミングで預貯金や保険商品が提示されると、結果的にそちらへ誘導されてしまう人も出ていたのではないかと思われます。

制度改正が施行されても、預貯金や保険商品は引き続き運用商品の一つとして選定対象となります。ただ、提示義務を伴う特別な存在ではなくなりますし、元本確保型商品の含まれない確定拠出年金の商品も登場するでしょう。企業は運営管理機関とともに元本確保型商品を品揃えに含めるかどうか、含める場合はどのような位置づけ、役割をもたせるのかなどを改めて考えることが望まれます。

(2) 異なるタイプの運用商品

もう一つは、運用商品の品揃えとして、リスク・リターン特性の異なる商品を三本以上用意することが求められるようになります。現在は、運用商品数を三本以上とすることが義務づけられていますが、異なるタイプにすることまでは法律上求められません。実際、元本確保型商品のみを品揃えとする企業型確定拠出年金も登場しています。

確定拠出年金の加入者は、あらかじめ用意された運用商品の品揃えのなかからしか選択できません。その品揃えが最低限の多様性を伴うべきだという考え方は、合理的といえます。

(3) 運用商品の除外の規制緩和

運用商品の選定は、企業が委託した運営管理機関により、その時点で最適と考えられる内容となっているはずです。しかし、時間が経つにつれて同じような商品の手数料が低下したり、あるいは、残念ながら商品の運用実績や運用体制が期待に添わなくなったりすることも起こりえます。そのようなときは、運用商品の入替えを行い、品揃え全体のクオリティを維持することが求められます。入れ替えるとは、既存の運用商品を品揃えから除外し、新しい商品を追加することです。

ところが、これまで確定拠出年金法では、運用商品の除外を行う場合に、当該商品に投資している加入者全員の同意を得ることが求められていました。これは実務上きわめて困難なことから、運用商品の除外は実質不可能とされてきました。

このような実情をふまえ、二〇一六年の法改正では、運用商品の除外に関する規制緩和が盛り込まれました。除外対象商品に投資している加入者全員の同意ではなく、三分の二以上の同意で可能とされます。また、同意を求めても返答がない場合は同意したものとみなすなど、手続上の規制緩和も行われます。

いくら運営管理機関が専門的知見に基づき慎重に選定するといっても、半永久的に完璧な品揃えというものは存在しえません。それにもかかわらず、これまでは追加は可能だが除外は実質不可能という、いびつな状況にあったといえます。商品除外は起きないに越したことはありませんが、長期にわたり運用商品品揃えの適正管理を行うためには、一つの手段として実施可能としておく必要があるといえます。この規制緩和は、遅くとも二〇一八年六月までに実施されます。商品除外に際しての具体的な手続など、新制度の詳細はそれまでの間に政省令で整備されることになります。それらをふまえ、企業や運営管理機関は、除外の判断を下す際の検討事項や考え方をあらかじめ定めておく必要があるでしょう。商品除外は商品選定と表裏一体です。商品選定プロセスの適切性をこの機会に改めて確認し、そのうえで除外について定めていくのが合理的と思われます。

5 公的な本数管理は必要か

(1) 商品数の上限規制

前述のとおり、確定拠出年金の運用商品の品揃えは最低限三本必要です。従来、商品数の下限はありましたが、上限はありませんでした。ところが、二〇一六年の法改正により、確定拠出年金が提供できる運用商品数の上限が設けられることとなりました。この制度改正も、二〇一八年六月までに実施されることとされており、具体的な数は政令で定めるとされています。

運用商品数の上限が必要と考えられた背景には、選択肢が多過ぎると、加入者がかえって選択できなくなるという考え方があったとされます。経済や金融に関する理論は、人間が合理的な判断を下すことができるという前提のもとで構築されてきました。確定拠出年金の運用に関する制度も同様で、投資教育を受けた加入者が合理的な投資行動をとることが想定されています。しかし、現実ははたしてそうなのか、懸念がもたれていることはすでに述べたとおりです。加入者が合理的でないなら、多様な選択肢は無意味、あるいは、わかりづらいので選択を先延ばしするといった望ましくない行動につながりかねないという考え方が浮上します。

しかし、仮にすべての加入者が合理的であるという前提が現実的でないとしても、それゆえに運用商品数の上限を法令で定めるべきだというのは飛躍があるのではないでしょうか。運用商品の数、内容のいずれも、何が適切なのかは企業により異なりますし、加入者が運用指図する以上、加入者ごとに異なるということもできます。換言すると、政令により一律に全企業・全加入者にとって適切な上限を設定するのは不可能といえます。何本に設定したとしても、必ず不都合な企業や個人が出てきます。仮にそれが少数派だとしても、そのニーズを無視してかまわないという理屈をつけられるものか疑問です。

また、法令上の上限よりも商品数が多いとされた企業は、五年以内に上限以下まで数を減らさなければなりません。これは、より低コストの類似商品との入替えといった、企業や運営管理機関が適正な品揃えの管理のために行う商品除外とは性格を異にします。本数削減が必要な場合、除外対象となる商品をどのように決めればよいのか、その商品に投資している加入者にどう説明し納得してもらうのかなど、非常に困難な事態が待ち受けており、実務の混乱が懸念されます。

各企業における適切な商品数は本来、運用商品の品揃えの検討、選定・提示という過程において導き出されるべきものではないでしょうか。仮に商品数に一定の制約を課す必要があるとしても、それは法令で数を定めるのではなく、企業と運営管理機関に対し、責任をもって商品数を検討し、適正な範囲に管理することを義務づけるといった方法が、確定拠出年金法の趣旨にも合致していたように思えます。

運用商品数の上限規制は、改正確定拠出年金法において、必要性、方法論ともに疑問が残る内容だったといえます。しかし、改正法の条文により政令で上限数を定めるとされてしまった以上、当面は確定拠出年金の運営の現場の混乱を極力抑えるような数を何とか見出し、事態を収めるしかないでしょう。企業年金連合会のアンケート調査によると、企業型確定拠出年金の平均商品数は一八・四本です。きわめて雑駁に考えれば、この二倍の四〇本程度が商品数の範囲のイメージということになります。当然、現実にはこれより商品数の多い企業がありますし、大多数の分布から外れるというだけでは、必ずしも不適当とみなす根拠にはなりません。法令で縛るには、より普遍的な理屈づけが必要であり、そのような上限数を見出すのはきわめて困難なのです。

(2) 運用商品の「階層表示」と商品数上限

確定拠出年金の加入者の運用に対する考え方はさまざまです。「運用商品数が多すぎると選べない」という人もいれば、「より多様な選択肢から選びたい」という人もいると考えるのが妥当でしょう。運用商品の「**階層表示**」という工夫を通じて、これら異なるタイプの加入者のニーズを同時に満たすことが可能です。また、これにより、事実上、運用商品数の上限規制を行う必要性がなくなります。

現在の運用商品の提示は、図表1－4のように、元本確保型と投資信託に分け、投資信託は投資対象資産のタイプ別に、バランス型、国内株式型、国内債券型、外国株式型、外国債券型といった具合に並べるのが一般的です。これに対し「階層表示」では、「分散投資は行いたいが自分で商品を組み合わせるのではなく、専門家に任せたいタイプ」「完全に任せるのではなく基礎的な商品群のなかから自分で選択したいタイプ」「アクティブ・ファンドも含めた幅広い商品群から自分で選択したいタイプ」といった具合に、想定される加入者のタイプ別に商品を分類して提示します。加入者の運用に対する知識や関心度合いの強さに応じて、複数の「階層」を構築しているわけです。選択肢が多いと困るタイプの人は、右記の例で一つ目の階層の商品群だけをみればよい一方で、多様性を求める人は三つ目の階層まで含めた商品群のなかから選択できます。「多すぎると選べない」という問題は解消され、商品数の上限規制も不要というわけです。

ただ、階層表示は、現在、規制上認められるかどうかが不透明です。確定拠出年金法では、運営管理機関が加入者に対して商品を提示する際に、特定の商品への投資を勧めたり勧めなかったりしてはならないとされていますが、加入者のタイプ別に商品群を分けて提示すること自体が、この規制に抵触するのではないかという懸念が拭えないからです。

階層表示では個別の運用商品に言及しておらず勧誘とは異なりますが、階層の分け方次第で誘導可能、恣意的な分け方が可能といった指摘はあるかもしれません。そうであるなら、次節で述べる「指定運用方法」と「それ以外」、あるいは、「指定運用方法」「指定運用方法として適格だがその規約では指定されなかった商品」「それ以外」といった階層表示にすることが考えられます。**指定運用方法**は自ら商品選択を行わない加入者（未指図者）ですら長期投資するのに適当と考えられる運用商品で、どのような商品が適格かの基準が厚生労働省令により規定されます。法令により別途要件を満たすものとして示されるわけですから、これを階層表示に使っても問題ないはずです。運用商品数の上限を定める際は、このような工夫も含めた議論が求められます。

(3) 個人型確定拠出年金の商品数上限

これらの議論は企業型確定拠出年金を念頭に置いたものです。個人型確定拠出年金はまったく別のものとして、上限数を定める必要があります。間違っても、企業型の本数をそのまま当てはめるようなことがあってはなりません。

企業型確定拠出年金は、企業ごとに提供の目的や退職給付制度における確定拠出年金の位置づけ、想定利回りの有無や水準などが違います。従業員の年齢構成や本業に由来する傾向などに基づき、運用商品の品揃えに一定の制約、あるいはフェアウェイを設定することは、ある程度の合理性をもちえます。

これに対し、個人型確定拠出年金では、提供する金融機関側が、加入しようとする個人の老後の備えにおける個人型の位置づけを特定したり、絞り込んだりすることはできません。個人の運用に対する関心や、知見・経験も同様です。個人型確定拠出年金の運用商品の品揃えは、個人のさまざまなニーズに対応できるよう、多様性をもたせることに合理性があるのです。

また、個人型確定拠出年金では、個人が自分に適した運用商品の品揃えや加入者向けサービスを提供する金融機関を自由に選び、加入することができます。たとえば、商品数が多過ぎて自分にあわないと思うなら、ほかをあたればよいのです。仮にそのような加入者が多数を占めるとなれば、金融機関もそれにあわせて品揃えの数を見直すでしょう。

金融機関にとって、個人型確定拠出年金の運用商品は重要な差別化要因の一つです。事業戦略上、より多くの個人のニーズを満たそうと考えるなら、用意する商品の内容が多様化し、数も増えるでしょう。また、金融商品をめぐるイノベーションは急速です。加入者の利便性向上のために、それらを取り込む余地を残したいと考えるのも当然です。

個人型の運用商品の品揃えの考え方や、それに基づき導き出される商品数の上限を、法令で一律に制約するための理屈づけは、企業型以上に困難と思われます。また、万が一、既存の個人型確定拠出年金の商品数が政令の数を上回り、除外を余儀なくされる金融機関が出てしまうと、実務上の混乱は必至です。個人型確定拠出年金は、加入対象者の拡大を受け、受付金融機関においてビジネス戦略が練られているところです。上限数の議論においては、これらの金融機関が個人型確定拠出年金の普及に積極的に取り組みやすいと思えるようにすることが重要です。

6 投資教育と「デフォルト商品」

(1) 投資教育提供の義務づけ強化

企業型確定拠出年金の場合、企業が確定拠出年金の加入者に対し、投資教育の提供に努めることを義務づけられています。いわゆる投資教育提供の努力義務です。実際に投資教育を担うのは、委託先の運営管理機関ですが、責任は企業にあります。

確定拠出年金の投資教育は、第2章で紹介したとおり、厚生労働省の通知に内容が規定されています。年金制度の概要、運用の基礎知識、金融商品の仕組みと特徴などです（図表2－3）。確定拠出年金の導入時および従業員の加入時の提供内容は、ほぼスタンダード化されているといえます。

他方、企業ごとの事情や加入者間の差異が生じて、何が適切なのか一律に答えが出せないのが、継続的な投資教育です。一度だけでは加入者に十分に伝わらないということから、導入時と同じ内容を繰り返すという考え方もありますし、加入者の理解や関心に応じて異なる内容を用意することもありえます。

また、金融商品に関する情報は定期的に更新し続ける必要がありますが、年金制度や運用の基礎知識については、いったん加入者が理解してしまえば、何度も繰り返す必要性は乏しくなります。どのような内容を、どのくらいの頻度で、どの程度の理解が得られるまで提供すればよいのか、容易に解を見出すことはできません。

そのようななかで、二〇一六年の制度改正により、継続的な投資教育の提供義務が強化されました。従来、導入時の投資教育は「努力義務」である一方、継続的な投資教育は「配慮義務」でしたが、継続教育も「努力義務」の対象となります。企業としてはなんらかの目安がほしいところですが、標準化・一般化がむずかしいだけに、法令等による規定にはなじまない可能性があります。たとえば、企業年金連合会は、確定拠出年金の投資教育ハンドブック、制度運営ハンドブック、継続教育実践ハンドブックを作成しており、企業は無料で取得することができます。最低限の必要事項というよりはベスト・プラクティス集のような位置づけですが、参考になるものと思われます。

⑵ 投資教育の「限界」

確定拠出年金の投資教育は重要です。日本では自分で老後に備えるという意識や、資産形成における投資の必要性についての理解が、幅広く共有されているとは言いがたい状況です。そのようななかで、系統的に年金制度や投資に関する情報を得る機会は貴重です。

しかし、投資教育で行われるのは知識の提供であり、それに基づいてどのような行動を起こすかは加入者次第です。仮に投資教育の目的が加入者の知識装備であればそれで問題ないわけですが、知識に基づき行動を起こすところまで目的に含めるのであれば、十分な成果を得られる保証はありません。投資教育の限界といえます。たとえば、想定利回りを設定している企業であれば、自社の加入者が想定利回りの達成を期待できるような運用商品を選択しているか気になるところですが、特定の運用商品への投資を勧めたり、勧めなかったりすることは確定拠出年金法上認められませんので、伝えられることには限りがあります。

加入者の実際の投資行動と、それをめぐる懸念については、第3章で紹介したとおりです。企業型確定拠出年金の資産の五四%が元本確保型商品で占められており、長期分散投資が実践されているとは言いがたい状況です（図表3－4）。六〇歳到達まで二〇年から三〇年ある三〇歳代でも、半分弱が元本確保型商品です（図表3－5）。

確定拠出年金では、企業による年金給付の約束は行われず、運用の過程で損失が出ても、企業による補てんは行われません。運用のリスクを加入者が負う以上、運用のあり方の決定権は加入者がもつべきです。他方、確定拠出年金の制度が二〇〇一年に導入されてから一五年あまりが経過して、すべての加入者が合理的な投資家となり、数十年にわたる年金運用を行うことを想定するのも現実的ではないことがわかってきました。企業は、一般的な年金運用の観点から必ずしも合理的とはいえない加入者の行動を目にしながら、これを放っておいてよいものでしょうか。

実は、確定拠出年金の普及した諸外国では、すでにこの課題は認識され、対策も議論されてきました。たとえば、日本がモデルとしたアメリカの401(k)プランでは、一九九〇年代には、企業は加入者に対し投資教育と幅広い運用商品の品揃えを提供すれば責任を果たしたと考えられていました。しかし、二〇〇〇年のITバブル崩壊などを経て、加入者が分散投資といった投資の基礎を本当に理解しているのか疑問が生じました。

また、アメリカでは多くの企業が確定給付型企業年金を閉鎖し401(k)プランのみを提供するようになり、老後の資金源として公的年金の次に依拠するのは401(k)プランという従業員が着実に増加していました。知識や意識の水準が高い加入者だけが制度をうまく活用すればよいというスタンスにとどまっていてよいのか、という問題意識が多くの企業によって共有されるようになった結果、出てきたのが「**デフォルト（初期設定）商品の活用**」でした。

(3)「デフォルト商品の活用」という発想の転換

デフォルト商品は、加入者が自ら投資先を選択しなかった場合に、拠出を入れる先としてあらかじめ設定されます。選択する権利を与えられておきながらそれを行使しないのは、いささか合理性に欠けますが、少数派とはいえそのような加入者は存在します。日本の確定拠出年金でも同様で、「**未指図者**」と呼ばれます。

元来、デフォルト商品では「安全運用の商品」を設定するのが妥当と考えられてきました。アメリカだとMMF（マネー・マーケット・ファンド）や利率保証型保険商品（GIC）、日本だと元本確保型商品（預貯金、保険商品）が該当します。加入者の明確な指図がないという性格上、値動きのある投資信託などをデフォルト商品に設定して損失が出た場合、企業が責任を問われる懸念があったからです。

しかし、安全運用、すなわち低リスク・低リターンですので、長期的な資産の増加はほとんど期待できません。何十年もその状態で放置され、引退間際になって加入者が後悔したとしても取り返しはつかず、自業自得とはいえ、自助努力の制度をわざわざ提供した企業にとっても残念な事態です。

継続的な投資教育を通じて、加入者に未指図の状態を脱するよう働き掛けるのが正攻法かもしれませんが、投資教育に限界があることもわかっています。そこで、デフォルト商品に、年金運用として一般的に受け入れられているような商品を設定すれば、未指図者ですら一般的な年金運用において適切とされている長期分散投資を実践できるようになる、という発想の転換が行われました。具体的には、MMFや保険商品ではなく、バランス型投資信託や、第2章で紹介したターゲット・デート・ファンドをデフォルト商品に設定するというやり方です。バランス型投資信託であれば、内外株式などへの幅広い分散投資が行われ、株価や金利の変動に伴い資産配分の調整が必要になっても、投資信託の運用担当者が対応してくれます。ターゲット・デート・ファンドであれば、加齢に応じた資産配分の変更も運用担当者に任せることができます。当然、加入者が自分で投資対象を選択したいと考えた場合は、いつでも変更することができます。

加入者が自ら投資対象を選択するのが原則であり、未指図でもかまわないといっているわけではありません。ただ、この発想の転換により、デフォルト商品の役割は「未指図者の資金の一時的な待機先」から、「長期的な年金運用のための商品」に変わりました。また、加入者にとって401(k)プランの運用は、「自分ですべて構築しなければならないもの」から、「運用の理解は必要であるものの、作業は専門家に任せてかまわないもの」に変わりました。

二〇〇〇年代前半になると、アメリカでは、ターゲット・デート・ファンドやバランス型投資信託をデフォルト商品として設定する方法が、多くの企業に受け入れられていきました。しかし、一時的にせよ元本割れを生じた場合に、企業が責任を問われるという問題は残っていました。そこで、二〇〇六年に「年金保護法」による法改正、二〇〇七年にアメリカ労働省の「適格デフォルト商品規則」制定が行われ、企業は、受託者として適切なデフォルト商品の選定を行い、一定の手続をふめば、デフォルト商品の値下りによる損失について賠償責任を負うことはなくなりました。

(4) 確定拠出年金への「指定運用方法」の導入

日本でも二〇一六年の確定拠出年金法改正により、二〇一八年六月までに「**指定運用方法**」と呼ばれるデフォルト商品の制度が導入されます。制度導入の本来の趣旨は、これにより、多くの加入者が年金運用として適切な長期分散投資を実践できるようになることです。

指定運用方法の制度の概要は、図表4－3のとおりです。基本的には加入者自身に運用商品を選択してほしいので、運営管理機関により二度にわたり選択を促す通知が行われます。それでも商品選択をしない場合、その加入者の資金は指定運用方法としてあらかじめ設定されていた商品に入れられ、加入者本人が当該商品を選択したとみなされます。この「加入者本人が選択したとみなす」というのが新制度のポイントです。現在もデフォルト商品として投資信託を設定することは可能ですが、元本割れを起こした場合に企業が責任を問われかねないという懸念があります。指定運用方法では、要件を満たせばこの懸念が取り除かれます。

どのような運用商品が指定運用方法として適格になるのかについて、改正確定拠出年金法の条文には「長期的な観点から、物価その他の経済事情の変動により生ずる損失に備え、収益の確保を図るためのものとして省令で定める基準に適合するもの」と規定されています。このなかで「長期的な観点」という文言が使われていることは注目に値します。現在、日本の確定拠出年金の未指図者の資金はほとんどが元本確保型商品に入れられており、あくまでも未指図資金の一時的な待機先という位置づけです。指定運用方法はこれとは異なり、長期投資のための商品と位置づけられているのです。

指定運用方法の基準は、専門家による議論などを経て、厚生労働省により策定されます。どのような運用商品

図表4－3　指定運用方法の制度

設定	・設定するかしないかは事業主の任意 ・加入者に提示する商品品揃えのなかから選定
商品特性	・長期的な観点から、物価その他の経済事情の変動により生ずる損失に備え、収益の確保を図るためのものとして省令で定める基準に適合するもの ・運営管理機関等が専門的知見に基づき選定
加入者への情報提供	・利益の見込みや損失の可能性 ・指定運用方法を選定した理由 ・運用指図の特例（下記）について
運用指図の特例	運営管理機関は指定運用方法の内容を加入時に通知 ↓ 3カ月以上経過しても商品選択がない ↓ 運営管理機関から加入者に商品選択するよう通知 ↓ 2週間以上経過しても商品選択がない ↓ 加入者が指定運用方法を選択し、 未指図資産の全額を充てる指図を行ったとみなす

（出所）「確定拠出年金法等の一部を改正する法律」より野村資本市場研究所作成

が適格となるのかは現時点でわかりませんが、前述の条文の文言や制度導入の目的等を考えると、長期分散投資に資すると考えられる運用商品、具体的にはバランス型投資信託やターゲット・デート・ファンドなどが該当すると予想されます。

また、リーマン・ショックの際の、幅広い分散投資を行っても急激な価格下落が生じた経験などを受けて、価格変動を一定以内に抑制することを目指す運用スタイルが一定の支持を得ています。「リスク・コントロール型投資信託」などと呼ばれ、確定拠出年金向けにも提供され始めています。リスク抑制に注力する分、リターンも抑制されますが、価格の下落が警戒されがちな日本で

図表4－4　アメリカの401(k)プランで起きた変化

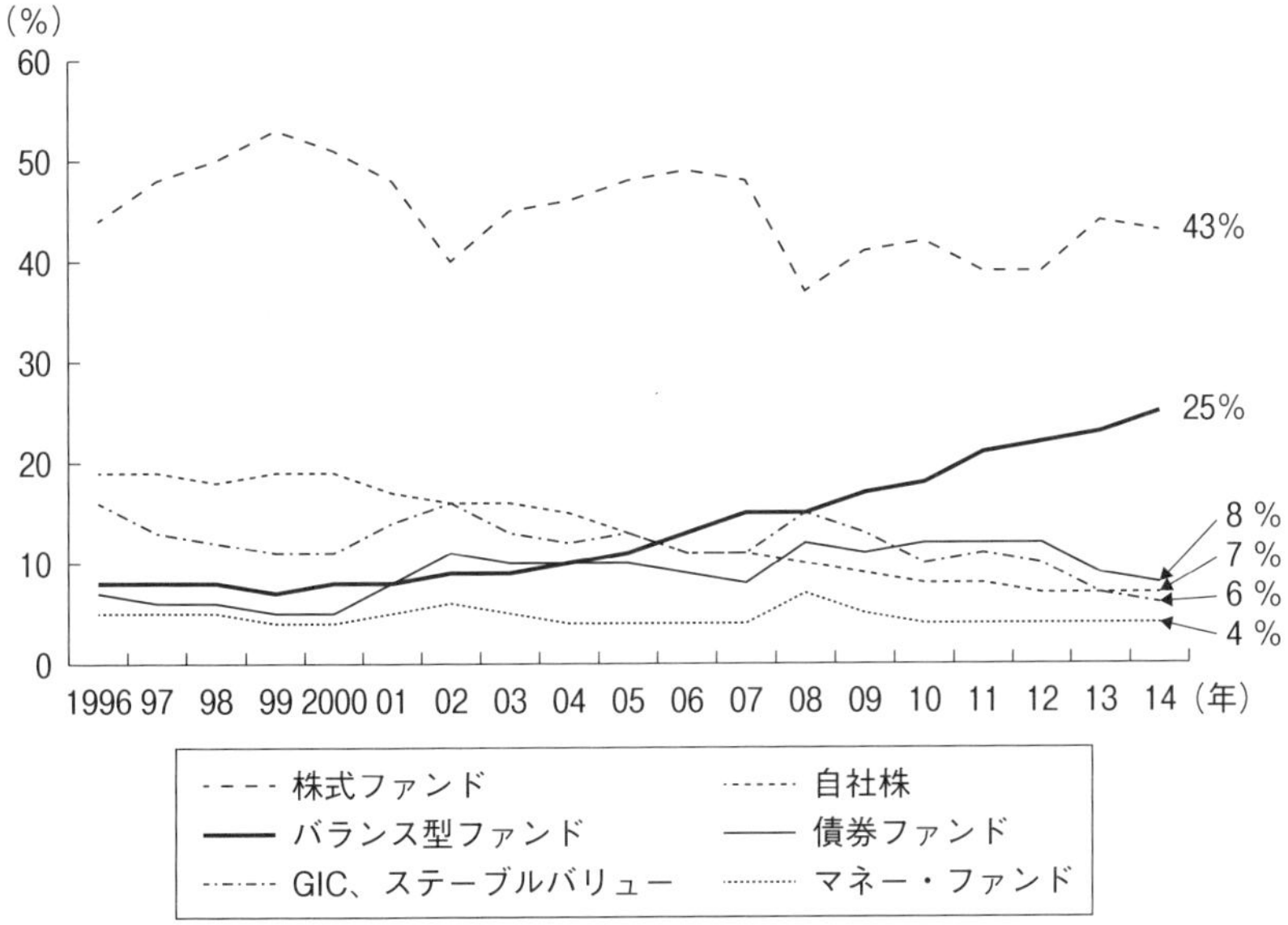

（出所）　アメリカの投資会社協会より野村資本市場研究所作成

は、このようなタイプの運用商品も、指定運用方法の候補になりうると思われます。

　初期設定の威力は侮れません。アメリカでは二〇〇七年の適格デフォルト商品規則の制定後、バランス型ファンド、とりわけターゲット・デート・ファンドをデフォルト商品に設定する動きが定着しました。そして、図表4－4のように、401(k)プランの資産に占めるバランス型ファンドの割合が着実に上昇しています。ここではターゲット・デート・ファンドもバランス型ファンドに分類されており、適格デフォルト商品規則の影響が表れているものと思われます。

　日本の指定運用方法は、初期設定の効果に加えて、「アナウンスメント効果」を伴う可能性もあると思われます。指定運用方法としては、基準に合致する運用商品群のなかから、その企業が確定拠出年金を提供する目的や加入者の属性などにかんがみて適当と判断される商品が選定されることになります。そして、運営管理機関は、その商品を指定運用方法として選定した理由を加入者に対して説明することが求められます。加入者が指定運用方法に注目し、その特別な役割を理解するようになれば、これまでなら「投資信託になじみがないのでとりあえず元本確保型商品に入れておく」といった行動をとっていた加入者が、自ら指定運用方法に投資することもありうるのではないでしょうか。さらに、前節で述べたとおり、運用商品の階層表示に活用することも考えられます。

このように、指定運用方法は単なる未指図者対応を超えた可能性をもちます。指定運用方法の設定は義務ではなく、企業の意思決定に任されます。換言すると、この制度が実際に活用されるかどうかは、企業の意識に係っているともいえます。企業は、この機会に自社の確定拠出年金の運用状況を再確認し、指定運用方法の設定を検討することが求められます。

7 中小企業と確定拠出年金

一般に、企業規模が小さくなるほど、企業年金を提供している企業の比率は低下します。厚生労働省の「就労条件総合調査」(二〇一三年)によると、なんらかの年金制度を提供している比率が、従業員数一〇〇〇人以上の企業だと七二%であるのに対し、一〇〇人未満の企業では一九%でした。また、次に述べるように、今後、中小企業による年金制度の提供比率が、さらに低下することが懸念されています。

二〇〇一年の企業年金改革で確定拠出年金が導入された際に、一つの重要な決定が下されました。当時、中小企業の間でも広く普及していた適格退職年金が、加入者の権利保護などの規制が不十分として二〇一二年三月末をもって廃止されることになったのです。二〇〇二年に確定給付企業年金が導入され、確定拠出年金とあわせて、廃止される適格退職年金の移行先となることが期待されましたが、結果的に適格退職年金の約半分は解約等となって制度移行は行われず、企業年金加入者数が純減したと考えられています。

さらに、二〇一三年の法改正により、厚生年金基金は二〇一四年度以降の新設が禁止され、同年から五年間、基金解散・代行返上を行いやすくする特例措置が設けられました。厚生年金基金も近年は主に中小企業が利用する制度でしたが、二〇一二年の運用詐欺事件を契機に、積立不足を解消できない場合、最終的に代行部分、すなわち公的年金に穴をあけるという構造的な難点が露わになりました。適格退職年金のように制度の全面廃止には至りませんでしたが、最終的にほとんど消滅する可能性もあります。

積立不足の発生しない確定拠出年金は、中小企業であっても比較的提供しやすい特性をもつと考えられてきましたが、確定給付型年金の縮小を相殺し、純増させるには程遠い状況です。そこで、二〇一六年の確定拠出年金法改正には中小企業向けの普及推進策も盛り込まれました。

一つは、企業型確定拠出年金の設立手続の簡素化です。従業員数一〇〇名以下の企業を対象に、新たに「**簡易型確定拠出年金**」の制度を導入し、手続を大幅に簡素化・軽減します。詳細は、改正法の公布から二年以内、遅くとも二〇一八年六月までに決まります。また、継続的な投資教育が、中小企業にとっては負担が大きいという指摘もあることから、企業年金連合会が投資教育を支援するための共同事業を展開していく予定です。

さらに、従業員数一〇〇名以下の企業を対象に、従業員が個人型確定拠出年金に加入した場合に、企業がその従業員の個人勘定に追加で拠出できるという制度が導入されます。「**小規模事業主掛金納付制度**」と呼ばれ、これも遅くとも二〇一八年六月までに利用可能になります。企業年金の提供まではむずかしくても、従業員の老後のための資産形成を資金面で支援したいという企業にとって、使い勝手がよいのではないかと期待されています。

第5章

確定拠出年金の課題と展望

1 私的年金加入率の低迷

確定拠出年金は二〇〇一年の制度開始以降、一五年間で六〇〇万人を超える加入者を擁するほどに発展してきました。これまでは企業年金としての普及が中心的でしたが、二〇一六年の制度改正により、個人型確定拠出年金に対する注目度も高まっています。個人型確定拠出年金に対するｉＤｅＣｏ（イデコ）という愛称も決まりました。

しかし、確定拠出年金が普及してきたといっても、日本の大企業と中小企業（小規模企業を除く）の合計数約五六・八万社のうち（「２０１６年中小企業白書」）、確定拠出年金の導入企業数は約二万社で普及率は約四％にとどまります。同じ統計の常用雇用者数が約三四七〇万人なので、加入率は約一七％になります。いずれにせよ、決して高いとはいえません。

私的年金全体の状況をみても、図表５－１のとおり、加入者数は減少・横ばいです。しかも、この加入者数は異なる制度に同時に加入している人々を重複計上しているので、現実にはこれよりも少ないと考えられます。厚生労働省が二〇一四年度末の数値として試算した企業年金の加入率（いずれかの企業年金制度に加入する民間従業員の比率）は三四・〇％でした。

今後、公的年金の役割縮小が避けがたく、私的年金の普及が必須であることをふまえると、このような企業年金加入者の実情はきわめて深刻といわざるをえません。引き続き私的年金改革を推進する必要があり、そのなかに確定拠出年金改革も含まれます。

図表5－1　企業年金加入者数の低迷

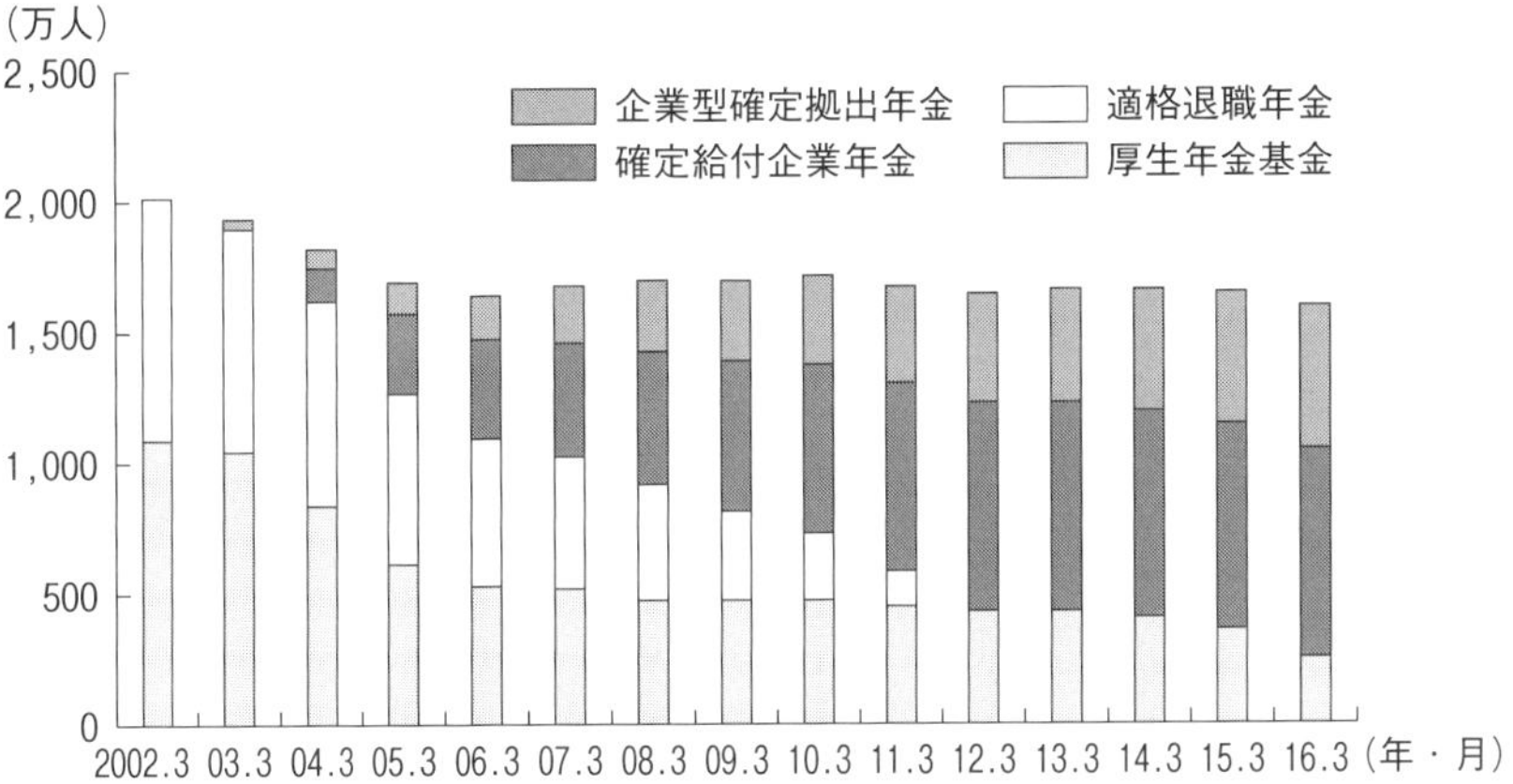

(注)　複数の制度への重複加入者は調整していない。
(出所)　厚生労働省より野村資本市場研究所作成

2 確定拠出年金制度導入から二〇一六年改正まで

二〇一六年の改正の前にも確定拠出年金制度は何度か手直しされてきました。その変遷を簡単に整理すると、図表5－2のようになります。

第4章で述べたとおり、企業年金改革の一環として二〇〇一年六月に「確定拠出年金法」が制定され、確定拠出年金は確定給付型年金に並ぶ新たな選択肢として導入されました。

それ以降の制度の見直しとして、まず拠出限度額の引上げが数年に一回のペースで行われてきました。これまでのところ二〇〇四年、二〇一〇年、二〇一四年の三回ですが、これらはおおむね公的年金財政検証と連動しており、公的年金の役割の縮小にあわせて実施されたと理解できます。

確定拠出年金法の初めての本格的な改正は、二〇一一年の「年金確保支援法」に盛り込まれました。年金確保支援法により、企業型確定拠出年金の加入者拠出、いわゆるマッチン

図表５－２　確定拠出年金の制度改正

時　期	内　容
2001年６月	確定拠出年金法の成立。同年10月施行
2004年10月	拠出限度額の引上げ ・企業型（確定拠出年金のみ）：43.2万円→55.2万円 ・企業型（確定拠出年金と確定給付型年金）：21.6万円→27.6万円 ・個人型（企業年金なしの従業員）：18万円→21.6万円
2005年10月	確定給付型年金から、本人の申出により、確定拠出年金への資産移換が可能に。脱退一時金支給要件の一部緩和。
2008年３月	確定拠出年金の規約承認基準の一部改正（デフォルト商品として元本確保型商品以外を設定する場合の留意事項）
2010年１月	拠出限度額の引上げ ・企業型（確定拠出年金のみ）：55.2万円→61.2万円 ・企業型（確定拠出年金と確定給付型年金）：27.6万円→30.6万円 ・個人型（企業年金なしの従業員）：21.6万円→27.6万円
2011年８月	年金確保支援法の成立 ・企業型確定拠出年金の加入者拠出（マッチング拠出）の導入（2012年１月） ・企業型確定拠出年金の加入可能年齢引上げ（60歳→65歳）（2014年１月） ・脱退一時金支給要件の一部緩和（2014年１月） ・継続投資教育提供の義務づけの明確化（2011年８月）
2013年３月	規約承認基準および法令解釈通知一部改正（デフォルト商品選定の留意事項、加入者への通知事項）
2014年10月	拠出限度額の引上げ ・企業型（確定拠出年金のみ）：61.2万円→66万円 ・企業型（確定拠出年金と確定給付型年金）：30.6万円→33万円
2016年５月	改正確定拠出年金法の成立 ・個人型の加入対象者の拡大（2017年１月） ・中小企業向け制度導入（小規模事業主掛金納付制度、簡易型確定拠出年金制度の導入）（改正法の交付から２年以内） ・拠出限度額の規制を月単位から年単位へ（2018年１月） ・運用指図に関する制度改正（継続投資教育の努力義務化、元本確保型提示義務の廃止、運用商品数の上限、運用商品除外の規制緩和、指定運用方法の導入）（改正法の公布から２年以内）

（注）　拠出限度額は年額。
（出所）　企業年金連合会「企業年金に関する基礎資料」（2015年12月）、その他資料より野村資本市場研究所作成

グ拠出が導入されました。二〇〇一年の制度開始時点で、企業型確定拠出年金に拠出できるのは企業のみでしたが、当初から加入者に対して拠出による自助努力の機会を付与するべきだという主張はなされていました。それから一〇年を経てようやく企業拠出に追加するかたちで可能となりました。

年金確保支援法を上回る大型の法改正が、二〇一六年の「改正確定拠出年金法」でした。これにより、長年の懸案であった個人型確定拠出年金の加入対象者が大幅に拡大され、確定拠出年金はすべての現役世代が利用可能な制度となりました。また、加入者の運用指図をめぐる制度改正として、継続的な投資教育提供の強化、運用商品の品揃えに関する制度変更、デフォルト商品（指定運用方法）の導入が決定されました。デフォルト商品については二〇〇八年と二〇一三年にも規則改正が行われていましたが、法改正により制度的な位置づけが明確化されたといえます。

一般に、制度改正が実施されるまでには長いプロセスがあります。民間からの要望書などにより改正の提案がなされ、それが政府の審議会等の公的な場で議論され、支持を得て、制度改正が必要な事項として認知されます。内容的に法改正が必要であれば、改正法案を所管官庁である厚生労働省が作成し、国会に提出します。国会に法案が出されても会期中に審議・可決される保証はなく、何のアクションもないまま会期末を迎えると廃案になってしまいます。実際、二〇〇七年と二〇〇九年の二回、確定拠出年金の制度改正を盛り込んだ法案が提出されましたが、審議されず廃案になりました。それらの内容を引き継いだのが二〇一一年の年金確保支援法だったのです。二〇一六年の法改正も、二〇一四年の春頃から議論が始まり、二〇一五年度の税制改正案に盛り込まれ、同年四月に改正確定拠出年金法案が国会に提出されたものの会期中に成立せず、継続審議の手続を経て二〇一六年の通常国会に持ち越され、ようやく成立したのです。

3 確定拠出年金のさらなる制度改善

二〇一六年の改正確定拠出年金法は画期的でしたが、これにより確定拠出年金の制度上の課題が完全に解消されたわけではありません。依然として重大な課題が残されています。以下で主要なものを指摘します（図表5－3）。

(1) 拠出限度額の引上げ

まず、確定拠出年金の拠出限度額は不十分であり、引上げが必要です。この主張は、確定拠出年金の制度開始当初から行われており、前述のとおり過去に三回、いわば公的年金の役割縮小にあわせて、部分的に実施されてきました。公的年金が減るので確定拠出年金を増加させるという基本的なアプローチは適切です。問題は、次に述べるように、そもそもの年金目標額や、そこから確定拠出年金の拠出限度額を算出するプロセスが不透明で、かつ、確定拠出年金全体にわたる統一性に欠けることです。

二〇一六年の法改正では、拠出限度額の引上げに関する内容は盛り込まれませんでした。たしかに、新しく個人型確定拠出年金に加入できるようになった、公務員、企業年金加入者、第三号被保険者の税制優遇部分については歳入減が生じますので、国全体の観点からは税制措置が講じられたといえます。しかし、拠出者が企業と個人のどちらなのか、あるいは、加入先が企業型確定拠出年金なのか個人型確定拠出年金なのかといった区別は横に置いて、一人の個人が享受可能な拠出限度額をみると、図表5－4のとおり、従来の拠出限度額を超える金額

図表５－３　確定拠出年金の課題

拠出限度額	●拠出限度額の引上げが必要。 ・現在、企業型確定拠出年金は最大年間66万円であるが、定率制の拠出が主流であることなどをふまえると低すぎる。 ●個人型確定拠出年金の拠出限度額の簡素化が必要。 ・公的年金の被保険者の分類、公務員か民間従業員か、民間従業員の場合、職場の年金制度の内容により拠出限度額が設定されており、複雑。
中途引出要件	●困窮時を規定し、引出しを認める「困窮時引出」の導入。 ・国民年金保険料免除という、60歳未満の個人勘定資産の引出しに対する厳格な条件設定は、企業型確定拠出年金の導入、個人型確定拠出年金への加入者拡大の大きな障壁。
加入可能年齢	●加入可能な年齢を65歳まで引き上げる。 ・加入可能年齢の上限60歳は、公的年金支給開始年齢が65歳になること、65歳までの雇用の継続が奨励されていることなどとの整合性に欠ける。
特別法人税	●特別法人税を撤廃する。 ・運用資産残高への課税は過度に厳しく、年金制度への税制優遇を否定しかねない。

（出所）　野村資本市場研究所

が付与されたケースはありません。企業型確定拠出年金に加入している個人については、個人型確定拠出年金への拠出限度額分だけ、企業型確定拠出年金における企業拠出の上限が引き下げられています。あくまでも既存の限度額の範囲内で、個人型への加入が認められたものといえます。

ａ　一貫性に欠ける拠出限度額

そもそも既存の拠出限度額が、制度全体にわたる一貫性・整合性をもった考え方に基づいて設定されたとは言いがたいのも事実です。二〇〇一年の制度導入時の議論までさかのぼると、まず企業型確定拠出年金の拠出限度額は、「公的年金（国民年金と厚生年金）と確定拠出年金を合わせて」、「望ましい給付水準」を達成するのに必要な拠出金額として算出され

図表5－4　2016年改正の加入対象者拡大に伴う税制措置

個人の属性	2016年12月まで	2017年1月以降
第1号被保険者	・81.6万円	・81.6万円（変化なし）
民間従業員		
✓企業型確定拠出年金に加入	・66万円 企業拠出＋マッチング拠出	・66万円（変化なし） 企業拠出＋マッチング拠出 または 企業拠出（最大42万円）＋個人型への個人拠出（最大24万円）
✓確定給付型年金と企業型確定拠出年金に加入	・33万円 企業拠出＋マッチング拠出	・33万円（変化なし） 企業拠出＋マッチング拠出 または 企業拠出（最大18.6万円）＋個人型への個人拠出（最大14.4万円）
✓確定給付型年金のみに加入	なし	・14.4万円（新設）
✓企業年金なし	・27.6万円	・27.6万円（変化なし）
公務員等	なし	・14.4万円（新設）
第3号被保険者	なし	・27.6万円（所得控除なし）

（出所）　野村資本市場研究所

ました。この「望ましい給付水準」としては、厚生年金基金の目標であった「退職直前所得の六割程度」が援用されました。さらに、確定給付型年金と併用の場合の限度額は、一律に確定拠出年金のみの場合の半額とされました。

　個人型確定拠出年金は、自営業者等の第一号被保険者については、国民年金基金の拠出上限である八一・六万円の内枠とされました。確定拠出年金のために新たな税制措置の水準を議論し、設定したというよりは、既存の税制枠のなかで対象となる制度を拡張したといえます。また、職場に企業年金のない従業員については、当時の厚生年金基金に対する企業拠出の実態に基づき設定されました。

このように、企業型と個人型の間で、また、個人型のなかでも第一号被保険者と民間従業員の間で、拠出限度額の設定根拠は異なります。結果的に、企業型確定拠出年金のみで六六万円の拠出限度額が得られる人と、個人型確定拠出年金のみで二七・六万円の拠出限度額しか得られない人が存在することになり、確定拠出年金のみに加入可能な民間従業員である点は同じなのに大きな差がつけられたことについて、合理的な説明はなされませんでした。また、企業型において退職直前所得の六割を望ましいとした根拠、個人型について厚生年金基金に対する拠出実態を用いた根拠は何かと問われると、確たる答えが存在したわけではありません。このような状況ですから、拠出限度額の設定方法、水準ともに、見直しの余地はおおいにあるといえます。

b　目指すべき年金給付

本来、確定拠出年金の拠出限度額は、老後の所得確保において、私的年金にどの程度の役割を期待するかに基づき決定されるべきです。企業型確定拠出年金の拠出限度額のように「公的年金と確定拠出年金をあわせて」目標額達成を目指す場合、公的年金でどの程度の給付を確保するかが明らかになれば、私的年金により必要な補完の程度も明らかになります。本来は全国民共通の公的年金の役割を明確にし、それを基盤に私的年金の役割を論ずるべきです。しかし、公的年金制度のあるべき姿の議論は、本書の守備範囲を超えます。ここでは、公的年金・私的年金の分担論は横に置き、トータルでどの程度の年金給付を目指す必要があるのか、考え方を整理したいと思います。

まず、企業型確定拠出年金の拠出限度額設定で適用された、現役世代の給与の一定割合を目指す考え方は、諸外国でもしばしば採用されています。年金給付を現役の平均給与で割った値を「所得代替率」と呼びます。年金給付の金額ではなく、所得代替率の水準を用いて十分かどうかを論じるやり方です。企業型確定拠出年金で用いられた「六割」という水準の根拠は必ずしも明確ではないと述べましたが、方法自体はグローバルにみても標準的といえます。

たとえば、OECDは、加盟国の公的年金と強制加入私的年金の所得代替率を収集し、平均値を算出して分析を行っています。二〇一五年に公表された報告書によると、OECD加盟国の公的年金の平均所得代替率は四一・三％、強制加入私的年金もあわせた平均所得代替率は五二・九％でした。日本には強制加入私的年金はないので公的年金のみですが、公的年金のみの日本の所得代替率はOECDベースで三五・一％と平均よりも一八％低く、一位のオランダの九〇・五％との差は五〇％を超えました。

OECD諸国のなかには、公的年金の所得代替率が低いかわりに、私的年金による補完に積極的な国もあります。たとえば、イギリスは、二〇〇八年の制度改正により、私的年金への「自動加入」の制度を新たに導入しました。一般に任意加入の私的年金制度による補完を目指す場合に、高い加入率をいかに確保するかが大きな課題となります。そこで、イギリスでは、雇用主に対し、従業員をいずれかの適格な私的年金に加入させることを義務づけ、従業員が非加入を望む場合は脱退を容認することとしました。いったん自動的に加入させられるものの、脱退が可能なので強制ではない、ゆえに「自動加入」と呼ばれます。イギリスは、公的年金のみの所得代替率は二一・六％と日本より低いですが、私的年金とあわせると五一・四％に達します。

日本の企業型確定拠出年金で用いられた、公的年金とあわせて退職直前所得の六割という所得代替率は、OECDの強制加入年金の平均である五三％を上回ります。国により年金制度の役割は異なりますし、医療や介護の制度の相違なども考慮する必要がありますが、仮にOECD平均を一つの目安としてとらえるなら、日本も大きく外れていないといってよいでしょう。

なお、ＯＥＣＤによると、私的年金を用いて目標所得代替率と公的年金のギャップを埋めることを考える際に重要なのは、加入の確保策に加えて、拠出率の設定と運用利回りの想定です。期待できる運用利回りが低ければ、高い拠出が求められます。ところが、日本の確定拠出年金では、どのような運用利回りの想定下で、現行の拠出限度額が設定されたと理解すればよいのか明確ではありません。

確定拠出年金の拠出限度額は、改めて本来必要とされる水準が議論されるべきです。また、企業型・個人型の両方について整合的なかたちで設定することを目指すのが理想的です。その際、①目標とする所得代替率の設定、②個人が確定拠出年金で達成可能な運用利回りの想定、③必要な拠出額の算出、というプロセスは、一つの選択肢となります。

c　生き方・働き方の柔軟性への対応

確定拠出年金の拠出限度額が一貫性を伴わないことからも明らかなように、日本の年金税制は、個人からみた自助努力の機会均等が達成されていないのが実情です。前述のとおり、企業型確定拠出年金のみで六六万円の拠出限度額が得られる人と、個人型確定拠出年金のみで二七・六万円の拠出限度額しか得られない人が存在します。また、そのような観点からの公平性は、これまでの私的年金制度改革の議論において特段、意識されてこなかったと思われます。確定拠出年金は個人ベースの年金制度であるため、そのことが如実に表れてしまったといってよいでしょう。

しかし、今後、生き方・働き方の柔軟化、多様化に私的年金制度が対応するには、個人ベースの考え方に転換する必要があるのではないでしょうか。すでに一つの勤務先に現役時代を通じてとどまることは当然視しがたく、生き方・働き方の多様化は着実に進んでいます。女性の活躍促進が主張されていますが、その実現はさらなる多様性の拡大に寄与すると予想されます。

個人ベースの年金税制を追求すると、「拠出源（雇用主か本人か）、加入先（職場ベースの年金か個人ベースの年金か）、年金のタイプ（確定給付型年金か確定拠出年金か）を問わず、一人の個人が享受できる税制措置の上限を設定する」というアプローチが浮上します。実は、イギリスでは一〇年ほど前に年金税制改革が行われ、そのような制度が導入されています。イギリスの私的年金では、税制措置の対象となる拠出は、拠出源・加入先・年金のタイプを問わず、年間一人四万ポンド（二〇一六ー一七課税年度、一ポンド＝一四〇円で五六〇万円）とされています。ただし、年収が一五万ポンドを超えると段階的に枠が引き下げられ、年収二一万ポンド超の人の年間拠出枠は一万ポンドになります。また、年間の拠出上限に加えて、生涯で拠出可能な限度額も設定されています。これは一人一〇〇万ポンド（一億四〇〇〇万円）です。

イギリスの年金税制は、個人ベースの徹底度合いに加えて、水準の高さも目を引きます。年間の拠出上限も生涯枠も、標準的な国民が達成可能な額というよりは、ほとんどの人が上限の存在を意識しなくてもよい高水準として設定されていることがみてとれます。

働き方の多様化が進む社会においては、毎年少しずつ収入が増加していくパターンだけではなく、所得の変動が激しい人に対し、「可能なタイミングで一気に拠出しておく」ことを一定程度認めることも考える必要があります。イギリスのように思い切って、高い拠出上限を設定するのは一つのやり方です。また、所得が低く拠出が限度額を下回ったときに「使い残した拠出枠」を、翌年以降に繰り越せるようにすることも考えられます。これは実質的に、生涯拠出限度額に近い考え方です。

あるいは、結婚、住宅取得、子どもの教育といった支出のかさむ三〇代、四〇代は年金のために多くの拠出を行うのがむずかしいという現実をふまえ、それらのライフイベントが一段落する五〇代の拠出限度額を引き上げるという方法も検討に値します。実際、アメリカには五〇代のための「キャッチアップ拠出」の枠があります。アメリカの確定拠出年金の拠出上限は年間五・四万ドル（労使合計）、うち従業員の拠出上限が年間一・八万ドルと日本に比べ高いですが、五〇歳以上の加入者はさらに追加で六〇〇〇ドルの拠出枠が付与されます。

どのような方法が妥当であるかは、税の考え方に加えて、実務上対応可能かどうかも重要な論点となります。いたとえば、日本では多くの従業員が雇用主による年末調整の恩恵を受けており、自ら確定申告を行いません。いわば雇用主による税務代行の体制が整備されているといえます。これは働き方・生き方がある程度画一的で、標準ケースがほとんどの従業員に該当した時代に適合したアプローチでした。しかし、働き方の多様性が増すと、雇用主の実務上の負担が増す可能性があります。また、仮にそれが理由で望ましい制度改正がむずかしいとされるなら、本末転倒といわざるをえず、個人が自分の税務について責任をもつやり方に移行する必要があるかもしれません。別の言い方をすると、個人が確定申告するのを前提にすることで、個人ベースの年金拠出上限の設定のように、生き方・働き方の多様化に対応した年金税制の導入が実現できるのであれば、個人が確定申告することを所与とすればよいのです。一般国民による確定申告は多くの諸国で行われていることであり、日本の個人にその能力が欠けるとは思えません。

d　企業にとっての使い勝手

日本の場合、確定拠出年金の拠出限度額は拠出の率ではなく金額で設定されています。他方、ほとんどの企業が、企業型確定拠出年金の拠出額を、給与に一定率を掛ける「定率方式」で決めており、結果的に、従業員の給与がいちばん高い時に限度額に抵触しないように調整している場合もあることは、第4章で述べました。これは、企業が本来望ましいと考える年金制度設計を実現できていないことを示唆します。

企業型確定拠出年金は、企業が採用しようと考えない限り普及しませんので、企業にとっての使い勝手は重要です。それなりに給与の高い従業員についても、定率制に基づく拠出額が法令上の上限に抵触しなければ、企業年金の制度設計の自由度が増します。

あるいは、拠出上限を金額ではなく拠出率で設定することで、より多くの企業にとって年金制度設計の自由度が拡大するなら、拠出率による上限設定も検討の余地があるでしょう。何年にもわたり高額の給与を得る人が多額の拠出を許され続けるのが公平性の観点から望ましくないと考えるなら、別途、現役時代を通じた拠出の総計額に上限を設定するという方法もあります。すなわち、前述したイギリスの生涯拠出限度額の発想を取り入れればよいと思われます。

e　確定拠出年金のサービス提供者にとってのフィージビリティ

税の議論において忘れてはならないのが、運営管理機関をはじめとする、制度の運営者やサービス提供者のフィージビリティの視点です。拠出限度額の管理については、レコードキーパーのシステム対応が可能かという論点がとりわけ重要になるでしょう。

問題になるのは、技術的に可能かどうかというよりも、システム改変に必要なコストを吸収できるかどうかかもしれません。確定拠出年金の運営者はいずれも民間の営利組織であり、新制度への対応の可否もコスト・ベネフィットに基づき判断を下す必要があります。優れた制度改正だとしても、彼らのコミットメントを得ない限り、実施可能とはなりません。

運営管理機関、運用商品提供機関、個人型の受付金融機関といったサービス提供者にとって、確定拠出年金ビジネスを安定させる最も有効な方法は、加入者数および資産残高の拡大です。中長期的にそれらが見込めれば、システム投資の判断も下しやすくなります。そういう意味で、拠出限度額の引上げは、それ自体が確定拠出年金制度改善の必要条件であるともいえます。

(2) 中途引出要件緩和

これまで繰り返し述べてきたとおり、確定拠出年金は年金であることを理由に税制優遇が与えられており、六〇歳到達前の引出しはきわめて厳格に制限されます。本人の死亡・障害、国民年金保険料を納付できないような経済的困難といった事態に陥らない限り、個人勘定資産を引き出すことはできません。

このような厳格さの背景には、個人の貯蓄に対する税制優遇は行わないという、税当局の根本的な考え方があります。一九八八年に少額貯蓄非課税制度（いわゆるマル優）が見直され、だれでも利用可能な制度から高齢者等の一部の国民のみを対象とする制度となって以降、あまねく個人の貯蓄を税制上優遇することは行われていません。

確定拠出年金は、企業年金改革の一環として導入されたとはいえ、個人が拠出や運用に関する裁量を有する点で一般の貯蓄と見た目がよく似ており、それゆえに年金目的であることがことさら強調されています。年金目的の税制措置というのは正論・筋論であり、これを正面から打破するのは容易ではありません。考えられるのは、「困窮時」を規定し、「困窮時引出し」を容認するべきだという主張です。長い人生で何が起こるかは想定しきれるものではなく、突然の失職や大規模な自然災害など、「老後の備えどころではない」「いまを乗り切らないと先の展望はない」といった事態はだれにでも起こりえます。それらの存在を認め、その場合に限って引出しを容認するのです。

実は、二〇一六年の改正により、確定拠出年金の中途引出し、すなわち脱退一時金の支給要件は、より厳しくなりました。本人の死亡時、障害時に可能である点は変わりませんが、それ以外の場合、二〇一七年以降は、国民年金保険料納付が免除されるほどの経済的困窮時という条件が追加されました。加入対象者が拡大した結果、だれでも加入を継続できるようになったことから、脱退を認める必然性が減ったという考え方です。一見、理屈は通っています。

ただ、個人型確定拠出年金については、中途引出要件があまりに厳格すぎると、そもそも利用されない可能性が高まることを軽視するべきではありません。今回新しく加わった国民年金保険料免除というのは、本人・世帯主・配偶者の前年所得が一定額以下の場合や失業した場合など、国民年金保険料を納めることが経済的に困難な場合に免除される制度です。困窮時という発想に基づく点は評価できますが、その具体的な基準として、公的年金保険料ですら払えないような厳しい状況を持ち出すのは、はたして適切でしょうか。公的年金保険料の納付は国民の義務です。公的な義務の免除と、任意加入の私的年金からの引出容認を同じように扱うのは飛躍があるように思われます。

また、企業年金の発想に基づくせいか、中途引出しイコール年金制度からの脱退という扱いになっています。脱退一時金と呼ばれるのはそのためです。しかし、個人型確定拠出年金の場合、制度への加入を継続しつつ、掛け金拠出の停止をすることはいまでも可能です。同様に、加入のステータスは維持するものの、一定の要件下で一部資金の引出しを認めるという考え方があって然るべきです。

任意加入であればこそ脱退は厳しくするべきだという発想もあるようですが、何があっても引き出せないことが与える心理的ハードルは多大です。安易な中途引出しが望ましくないのはだれもが認めることですが、厳格にしすぎて利用されないのでは元も子もないでしょう。困窮時引出しという発想を追求すれば、条件設定の議論を通じて細かいところを調整できるようになります。水掛け論になりがちな原理原則論に陥ることなく、議論の幅が広がるのではないでしょうか。

(3) 加入年齢引上げ

現在、確定拠出年金に加入できるのは基本的に六〇歳までです。企業型確定拠出年金の加入者で、規約により六〇歳以降の加入も認められる場合は、最長六五歳まで加入し続けることができますが、一部の人々に限られた話です。

一方、公的年金の支給開始年齢をみると、国民年金は六五歳で、厚生年金も六〇歳から段階的に引き上げられており、男性は二〇二五年度、女性は二〇三〇年度に六五歳になります。少子高齢化により労働人口の減少が始まっているなか、六〇代には可能な限り労働市場にとどまってもらい、公的年金の受取りも先延ばししてほしいというのが実情です。

そうであるなら、確定拠出年金の加入年齢も、すべての対象者について、少なくとも公的年金支給開始年齢まで引き上げるべきでしょう。個人型確定拠出年金の加入年齢を引き上げれば、望む人はだれでも六〇歳以降の加入が可能になります。企業は、高齢者雇用促進の措置として、「六五歳までの定年の引上げ」「定年の廃止」「六五歳までの継続雇用制度の導入」のいずれかを実施するよう求められています。実際問題として、それに加えて企業型確定拠出年金への拠出を継続するのはむずかしいことも考えられます。その場合、六〇代になってもそれなりの勤労所得があり、引き続き確定拠出年金に加入したい人が、個人型確定拠出年金への加入を認められれば、企業に負担をかけることなく、本人による自助努力の継続が可能になります。

ただし、六〇代は、本人や家族の健康状態を含め、人によってコンディションに大きな差異が出てきます。だれもが就労し続けられると想定するのは間違いであり、現役時代のような一律の扱いは禁物です。したがって、六〇歳からの給付は引き続き可能としつつ、公的年金支給開始年齢までは確定拠出年金への加入も可能とするのが最も望ましいかたちであり、時代の変化に則した制度変更であると考えます。六〇代の生き方の多様性に対し、柔軟な対応が可能な制度にするのです。確定拠出年金の真骨頂といえるでしょう。

⑷　特別法人税の撤廃

特別法人税は、私的年金の積立金に対して課せられます。確定給付型年金、確定拠出年金の両方が対象です。より正確には、確定給付型年金のうち厚生年金基金は一定の積立水準に達するまで特別法人税の対象外ですが、確定給付企業年金にはそのような措置はありません。また、確定拠出年金は企業型、個人型ともに対象となります。

特別法人税は一九九九年に凍結され、現在に至ります。確定拠出年金は二〇〇一年、確定給付企業年金は二〇〇二年に制度が開始されましたので、両制度とも実際に特別法人税を課せられたことはありません。一九九九年以降、特別法人税は二年から三年ごとに凍結期限を迎えては延長されてきました。二〇一七年の通常国会で税制改正法案が成立し、二〇一七年三月から二〇二〇年三月へと再度の期限延長が実現しました。

運用収益ではなく年金の積立金に対する課税である点が、特別法人税の大きな特徴です。所得控除を伴う非課税の拠出から生み出された運用収益が、さらに非課税のまま積立金に組み込まれ、これが毎年繰り返されて「非課税の溜まり」が拡大していくことを問題視する考え方に基づきます。しかし、世界的にみても拠出時・運用時を非課税として給付時に初めて課税するやり方は、年金税制の典型的なパターンとして広く受け入れられており、運用時の積立金課税は特異といわざるをえません。また、積立金課税という方法は、運用利回りがマイナスのときに、追い打ちをかけるように課税し、資産を目減りさせるものです。特別法人税が導入された一九六二年にはそうした事態はおそらく想定されていなかったのでしょうが、二一世紀に入り、運用利回りがマイナスという事態は珍しくなくなりました。積立金課税という方法は、いまや懲罰的ですらあります。

特別法人税がかつて課せられていた時の税率の決め方を詳しくみると、さらに驚くべきことがわかります。特別法人税率の一・一七三%は、国と地方が徴収しそびれた所得税率に対し、「利子税率」を掛けて算出されていました。利子税率とは、税金の延納の際に通常の税額に加えて納付しなければならないものです。要するに、私的年金は「税金を滞納した主体」として扱われているわけです。

特別法人税の存在は、日本では、私的年金が税制上優遇すべき存在として位置づけられていないことを表しています。税制は本来、人々の行動に影響を及ぼさない中立性を伴うべきだという考え方がありますが、たとえば住宅取得など、人が生きていくうえで普遍的に重要だと考えられる行動については優遇措置がとられているのも事実です。公的年金の補完という役割の重要性が高まっている現在、私的年金を税制上優遇すべきであるという考え方が明確に受け入れられないのは理解に苦しみます。

私的年金の意義にかんがみて、特別法人税は早急に撤廃すべきでしょう。この主張をすると、日本の年金制度は給付時にも退職所得控除と公的年金等控除という税制措置を享受しており、過剰に優遇されているという指摘をしばしば受けます。しかし、それは前述のような特別法人税の抱える問題を看過してよいという根拠にはなりません。まず特別法人税を撤廃し、それとは独立に給付時課税の改正の論議を行うべきでしょう。

(5) 「国民皆私的年金」に向けて

個人型確定拠出年金は、二〇一七年からiDeCoに生まれ変わりました。現在、個人型確定拠出年金は加入対象者が限定的であることなどから普及しているとは言いがたく、実際、加入者数も企業型の五八九万人に対し、三一万人にとどまります（二〇一六年一二月）。これに対し、iDeCoはほとんどすべての現役世代が利用可能な、ユニバーサルな制度です。その事実の周知も含めて、当面は、官民あげて普及促進のための取組みが必要な局面です。

しかし、仮に私的年金の加入率を限りなく一〇〇%に近づけたい、iDeCoと他の私的年金とあわせて「国民皆私的年金」といえるような高い加入率を実現したいと考えるなら、いずれ任意加入という方法の限界に直面すると思われます。前述のとおり、イギリスは自動加入の制度を導入しました。まだ段階的導入の途上ではありますが、二〇一五年時点のオプトアウト率は一〇%にとどまりました。別の言い方をすると、九〇%の人々が加入し続けているということです。

日本の公的年金保険料率は、二〇一七年に労使合計で一八・三%に達します。二〇〇四年の公的年金改革により、これ以上の引上げが想定されていないとはいえ、これに上乗せするかたちで私的年金への加入と拠出を強制するという施策は現実的ではないと思われます。むしろ重要なのは、確定拠出年金を通じた資産形成を行う余力があるのに、iDeCoについて知らなかったり、加入の意思決定をいたずらに先延ばししたりするような人をいかに減らすか、という工夫ではないでしょうか。まずは、ｉＤｅＣｏの認知度向上と普及が重要です。しかし、中長期的な政策展望として、自動加入の制度を導入して国民皆私的年金を目指すことは、十分に検討の余地があると思われます。

4 長寿化への対応

(1) 私的年金と終身給付

日本の平均寿命（ゼロ歳時点の平均余命）は着実に伸びています。図表５－５にあるとおり、一九八〇年に男性七三・三五歳、女性七八・七六歳だったものが、二〇一四年には男性八〇・五〇歳、女性八六・八三歳にまで上昇しました。六五歳時点（〇～六四歳を生きのびた人々）の平均余命はさらに長く、男性八四・二九歳、女性八九・一八歳です。また、今後も平均寿命の伸長は続き、二〇三五年には男性八二・四〇歳、女性八九・一三歳になると予測されています。

長寿化自体は非常に喜ばしいことなのですが、老後のために備えるという観点からすると、自分が現役時代に想定していた引退後の期間よりも、実際の年数が多いという事態につながります。この寿命に関する不確実性のことを「**長寿リスク**」と呼びます。長生きすることがリスクというのも妙な表現ですが、想定外に長生きして、貯めてきた資産が枯渇する事態は何としても回避したいことを考えると、リスクと呼ぶのも適当な感じがしてき

図表５－５　日本の平均寿命の伸長

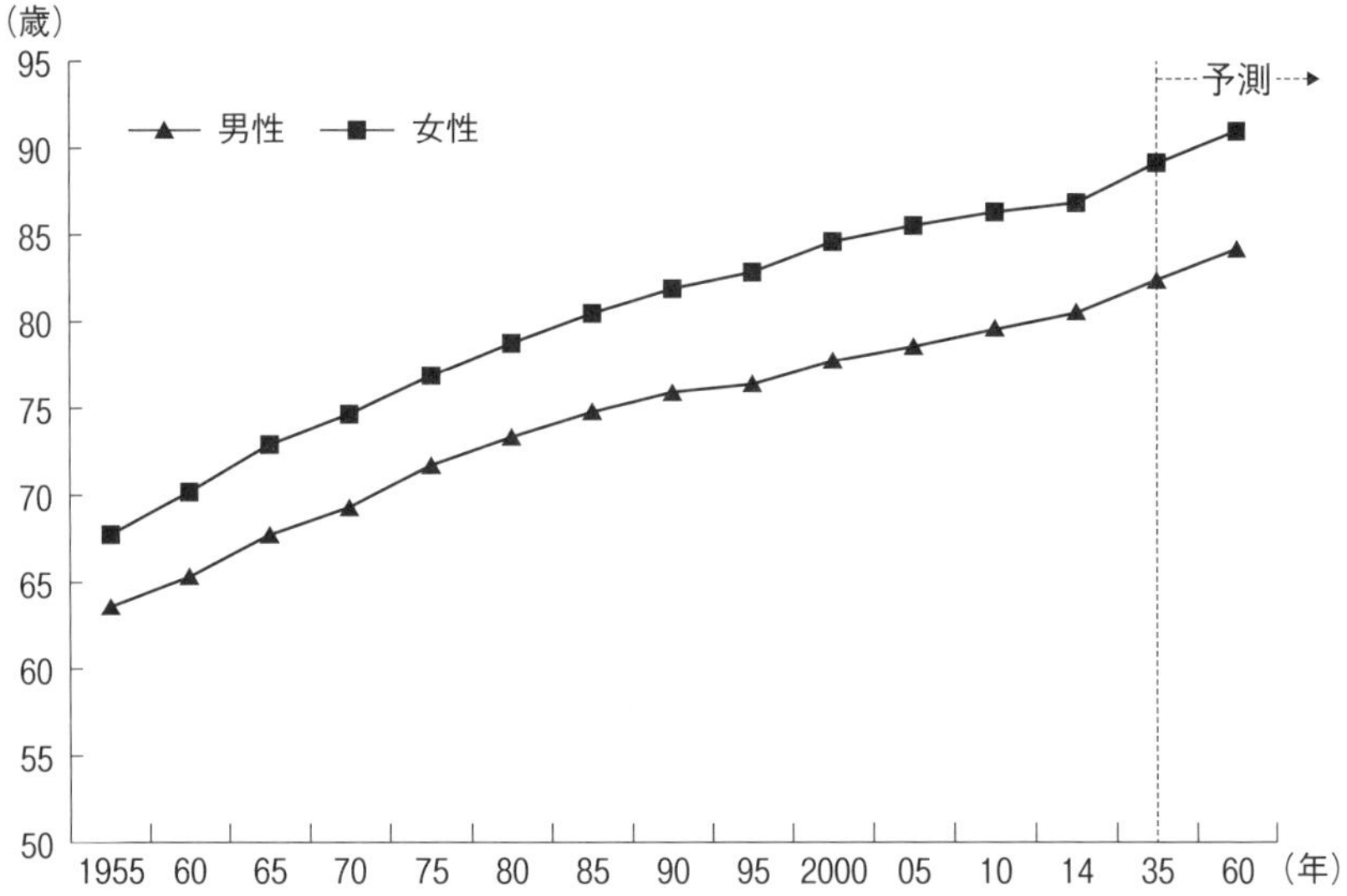

（出所）　国立社会保障人口問題研究所「人口統計資料集2016年版」より野村資本市場研究所作成

ます。

　公的年金は、終身にわたる給付を保証しますので、何歳まで生きても受け取り続けることができます。受給者からみると、長寿リスクに対応してくれるありがたい保証ですが、保険料を払い込む現役世代にとっては、長寿化は負担増につながります。マクロ経済スライドによる給付抑制措置には、そのような長寿化への対応も織り込まれています。将来にわたり公的年金を持続させるために、終身にわたる受給期間は変更しませんが、給付額を実質的に目減りさせていくわけです。

　私的年金の、公的年金を補完する役割は、今後重要性が高まります。そうなる以上、公的年金だけではなく、私的年金からも終身給付を得られるようにすることの意義が増してきます。私的年金が付随的な存在で、一部の人が利用すればよいような位置づけだった頃とは事情が違ってくるのです。

(2) 私的年金の給付の実情

では、私的年金の給付の実情はどうかというと、歴史の長い確定給付型年金、新タイプの確定拠出年金ともに、終身給付の提供は限定的です。両制度ともに、一時金・年金の両方が提供されますが、年金といっても有期年金で、終身年金がそもそも選択肢に含まれていないことが珍しくありません。終身年金が、本人が亡くなるまで給付を保証するのに対し、有期年金は一〇年、一五年などあらかじめ決められた期間の給付の保証にとどまります。終身にわたる保証に比べると長寿化の影響を受けにくく、制度の提供者にとって負担が軽い一方、長寿リスクは個人が負うことになります。

確定給付型年金は、退職一時金だったものを企業年金に転換したケースが多く、もともと終身給付の提供が当然視されているとはいえないのが実情です。より細かくみると、厚生年金基金は公的年金の代行という性格上、必ず終身年金を提供しますが、この制度は第4章で述べたとおり、新規設立は認められておらず、いずれ消滅する可能性もあります。確定給付企業年金の場合、五年以上の有期年金であれば終身である必要はありません。ちなみに欧米では逆で、確定給付型年金の給付は原則として終身です。

確定拠出年金では、年金または一時金から加入者が給付形態を選択しますが、現状はほとんどの加入者が一時金取得を選択しています。もっとも、これはまだ確定拠出年金の制度開始から日が浅く、多くの加入者にとって個人勘定資産が少額であることの影響も大きいと思われます。ある程度まとまった金額になれば、年金給付を選択して、長期にわたって受け取る意味も出てくるでしょう。ただし、これも確定給付型年金と同様に、基本的に有期年金です。

確定拠出年金のなかで終身年金の提供がなくても、各人が六〇歳以降に個人勘定資産を一時金で受け取り、それを用いて保険会社から終身年金保険を購入すればよいともいえます。ただ、これは必ずしも容易なことではありません。

困難な点としてしばしば指摘されるものをあげると、まず、資産の何割を用いて個人年金保険を購入すればよいかの判断がむずかしいことです。一般に、個人年金保険は中途解約の条件が厳しいので、基本的には解約しないことを前提に購入額を決定するべきです。したがって、個人年金保険以外の資産で、引退後の生活資金や急な支出への備えなどに対応できるようにする必要があります。これらを考えあわせて、資産の何割を保険の購入に充てるべきなのかを判断するのは、個人にとって困難です。

また、個人年金保険の購入資金とそれにより得られる給付額は、一般に購入時点の金利水準に左右されます。金利が低いと、保険会社は保険料の運用収益が見込めませんので、自ずと約束できる終身給付の額も低めにならざるをえません。したがって、引退するタイミングでたまたま金利が低いと、相対的に高い保険料を支払っても少額な終身年金しか受け取れないという不利な状況に陥ります。個人には退職年齢時の金利水準を予測することはできません。では、どのタイミングで個人年金保険を購入すればよいのかということになりますが、これを判断するのも容易なことではありません。

さらに、終身給付となると、引退後数十年にわたる長期間ですので、保険会社がその間に破綻しない保証はないという懸念もあります。また、保険会社にとっても、終身年金保険の提供は、長寿化の進む日本で長寿リスクを肩代わりすることになるのに加えて、長年にわたる金利低下と、足元ではマイナス金利という厳しい運用環境が続いており、決して容易なことではありません。

(3) アメリカでも資産の取崩し策は試行錯誤

実は、確定拠出年金資産の取崩しのあり方、とりわけ、いかに給付を「**終身化**」するかは、アメリカなど確定拠出年金の導入が進んだ海外諸国で、重要課題として認識されはじめています。終身給付を求める際に保険の活用を考えるのは自然ですが、前述のような諸課題があることもわかっています。保険以外の金融サービス・商品との組合せなど、さまざまな創意工夫の余地があり、実際、アメリカでは一〇年ほど前から金融サービス業者の試みが活発化しています。

日本ほどの長寿化は起きておらず、高齢社会が予見されているわけでもないアメリカで、他国に先駆けてこのような動きが始まっているのは、確定給付型年金から確定拠出年金への移行が一九八〇年代後半から数十年にわたって起きており、今後、多くの人々が401(k)プランなどの確定拠出年金により蓄積してきた資産を元手に老後を過ごすことになるとわかっているからです。その際の最大のポイントは、資産枯渇を回避しつつ、適当なペースで資産の取崩しを行うことです。

アメリカで登場している商品・サービスをいくつか紹介すると、たとえば、二〇〇〇年代半ば頃に、運用を継続しつつ定期的な分配金の払出しを行う投資信託が登場しました。運用収益部分の払出しと、必要であれば元本部分の取崩しを組み合わせて、分配金の支給率の維持を目指します。分配金を重視するという商品の特徴は、日本の毎月分配型投資信託と似ています。

長寿年金と呼ばれる年金保険のポテンシャルも注目されはじめています。長寿年金の特徴は、①給付開始が八〇歳、八五歳といった高齢であること、②開始後、終身にわたる給付を保証すること、③保険料の払込みから給付開始まで一〇年から二〇年といった期間が設けられていることです。保険会社は給付開始までの間、払い込まれた保険料を全額運用して年金原資を増やすことができるので、保険料払込みと給付開始の期間が短いタイプの年金保険に比べると保険料が低く抑えられます。たとえば、八五歳から給付開始の長寿保険に六五歳で加入すれば、残りの資産で八五歳までの資金繰り計画を考えればよいという理屈になります。

より多くの人々が、終身給付の確保を実践するよう、401(k)プランの制度設計を工夫するとよいのではないかという発想も出ています。資産形成のときと同様に、初期設定、デフォルト商品の考え方を、資産の取崩しに適用する考え方です。ただ、年金保険を利用する場合、投資信託と異なり中途解約がむずかしいなど、資産形成期のデフォルト商品設定とは別の課題への対応が必要となります。

ここで紹介したアメリカの動向は、いずれも試行錯誤中のものばかりです。確定拠出年金の資産取崩しが重要であることはわかっているので、金融サービス業者も積極的に取り組んでいますが、なかなか成功事例が出にくいようにも見受けられます。長寿化は日本のほうが進んでいるわけですから、ここは日本発のソリューションの登場が待たれるところです。

5 日本の年金制度の進化

確定拠出年金、そして日本の年金制度は進化を続けています。合意形成が容易ではない、既存制度との調整が必要であるなど、年金制度を変えるのがそもそもむずかしいことをふまえると、理想的ではないかもしれませんが、進化しているのは確かです。

個人の生き方・働き方、企業の雇い方が多様化していくなかで、個人ベースの制度である確定拠出年金の存在は年金制度に柔軟性をもたらしました。ｉＤｅＣｏの普及が進めば、この傾向はいっそう強まる可能性があります。企業は従業員の老後を約束する機能を失っていくかもしれませんが、一方で従業員という集団に対し年金制度を案内する舞台としての役割は引き続き重要です。職場経由の制度の意義は健在であり、十分に評価されるべきです。

進化は続けられなければなりません。次のフォーカスは、企業や個人による年金制度活用のインセンティブ強化にあると思われます。確定拠出年金の拠出限度額の引上げを含む議論を通じて、二一世紀の日本にふさわしい私的年金税制を構築していく必要があります。長寿化に伴う医療・介護ニーズの増加と公的な支援の限界をあわせて考えれば、資金面の備えが豊富な個人が増加することは、個人と家族の幸福のみならず、日本の社会・経済にとってもきわめて有意義です。

日本の年金制度の目指すべき方向性は、少子高齢化が進むなかで公的年金の持続可能性を高め、私的年金による補完を拡充することで、公的・私的年金制度から得られる給付が、国民の老後の所得として十分な水準であるようにすることです。これを追求していく過程で、確定拠出年金の役割は、今後ともいっそう拡大していくことでしょう。

【参考文献】

ジョセフ・ノセラ著・野村総合研究所訳『アメリカ金融革命の群像』（野村総合研究所、一九九七年六月）

井潟正彦・野村亜紀子「老後・教育に備えた資産形成を支援する税制優遇プランの充実を」『週刊金融財政事情』二〇〇五年一〇月一〇日号

大浦善光監修『30分で読める！「働く人」のための資産形成読本』（東洋経済新報社、二〇〇六年一月）

野村資本市場研究所編著『総解説　米国の投資信託』（日本経済新聞出版社、二〇〇八年九月）

野村亜紀子「米国確定拠出年金の意義と展望―変化し続ける４０１(k)プラン―」『証券アナリストジャーナル』二〇一一年九月号

野村亜紀子「確定拠出年金の課題と求められる制度改正」『財界観測』二〇一二年一〇月号

野村亜紀子「確定拠出年金（ＤＣ）の課題と展望」『月刊企業年金』二〇一三年一一月号

野村亜紀子「確定拠出年金（ＤＣ）制度改革の好機到来」『野村資本市場クォータリー』二〇一四年秋号

野村亜紀子「改正確定拠出年金法の成立―資産形成制度の新時代到来の可能性―」『野村資本市場クォータリー』二〇一六年夏号

日本確定拠出年金コンサルティング株式会社監修『確定拠出年金関連法令条文集〈二〇一六年度版〉』（きんざい、二〇一六年六月）

企業年金連合会『企業型確定拠出年金投資教育ハンドブック』（二〇一四年一一月）

同『企業型確定拠出年金制度運営ハンドブック』（二〇一五年一月）

同『企業型確定拠出年金継続教育実践ハンドブック』（二〇一五年四月）

野村證券株式会社監修『2時間でわかる！　はじめての企業年金』（東洋経済新報社、二〇一三年六月）

OECD, Pensions at a Glance 2015 : OECD and G20 indicators, December 2015

〈データ等の参照元〉

「二〇一六年最新ＤＣ受託勢力図　三井住友信託がみずほ逆転「大型」新規で加入者数明暗」『年金情報』二〇一六年九月五日号

企業年金連合会「二〇一五（平成二七）年度決算確定拠出年金実態調査結果（概要）」二〇一七年二月一〇日

運営管理機関連絡協議会「確定拠出年金統計資料（二〇〇二年三月末～二〇一六年三月末）」二〇一六年一一月

厚生労働省年金局ウェブサイト「確定拠出年金」（http://www.mhlw.go.jp/stf/seisakunitsuite/bunya/nenkin/nenkin/kyoshutsu/index.html）

投資信託協会ウェブサイト「投信総合検索ライブラリー」（http://tskl.toushin.or.jp/FdsWeb/view/FDST000000.seam）

国立社会保障・人口問題研究所「人口統計資料集二〇一六年版」（http://www.ipss.go.jp/syoushika/tohkei/Popular/Popular2016.asp?chap=0）

［ラ行］

［ナ行］

［ハ行］

［マ行］

［ヤ行］

[タ行]

[サ行]

事項索引

［ア行］

［カ行］

【著者略歴】

野村　亜紀子（のむら　あきこ）

野村資本市場研究所研究部長。東京大学教養学部教養学科卒業、㈱野村総合研究所入社。NRIアメリカ・ワシントン支店、野村総合研究所資本市場研究部等を経て、2004年4月、㈱野村資本市場研究所発足に伴い、転籍。専門分野は、年金制度、資産運用業界、証券市場制度。主な共著書に、岩崎俊博編・野村資本市場研究所著『地方創生に挑む地域金融』（金融財政事情研究会、2015年5月）、野村證券株式会社監修『2時間でわかる！　はじめての企業年金』（東洋経済新報社、2013年6月）がある。

進化する確定拠出年金

平成29年5月29日　第1刷発行

著　者　野　村　亜紀子
発行者　小　田　　徹
印刷所　三松堂印刷株式会社

〒160-8520　東京都新宿区南元町19
発　行　所　一般社団法人 金融財政事情研究会
企画・制作・販売　株式会社 き　ん　ざ　い
出 版 部　TEL 03(3355)2251　FAX 03(3357)7416
販売受付　TEL 03(3358)2891　FAX 03(3358)0037
URL http://www.kinzai.jp/

ISBN978-4-322-13079-9